Weingenuss & Tafelfreuden

Christina **FISCHER**

Weingenuss & Tafelfreuden

COLLECTION ROLF HEYNE

INHALT

»Tut mir Leid, Frau Fischer ist in einem Meeting. Probieren Sie es bitte später noch einmal.« Der freundlichen Stimme am Telefon im FISCHERS verzeiht man die Absage. Ein sympathischer Einstieg in die Welt der Christina Fischer. Man ist irgendwie eingenommen, von Anfang an. Selbst von einer Absage. Denn sie ist freundlich, mit einem ehrlichen Unterton des Bedauerns, aber nicht ohne Hoffnung. Und was wünscht man sich mehr als einen Funken Hoffnung? Na gut, die Frau ist schwer zu erreichen, aber es ist immer wieder einen Versuch wert. Denn allein das Lachen ist ansteckend. Selbst wenn man Christina Fischer nicht sieht. Christina Fischer kann man hören. Herzlich, erfrischend, offen. Durchaus mit Biss, aber auch Charme. Wie ihre Lieblingsrebsorte Riesling.

Ich kannte Christina Fischer schon, bevor ich sie kennen lernte. Es war eine dieser üblichen Verkostungen, wo vermeintliche Weinliebhaber das Thema Genuss konterkarieren, mit verbissenen Gesichtern und großen Gesten am Weinglas schlürfen und die Weinprobe zu einer bierernsten Angelegenheit werden lassen. Man ist ja nicht zum Vergnügen hier, für viele hört ohnehin beim Genuss der Spaß auf. Bitte nicht lachen. Außer Christina Fischer. Die Frau hat Spaß am Wein und Spaß am Genuss, und den zeigt sie ungeniert. Manchmal auch lauthals. Und es klingt wie eine Aufforderung, nicht zu vergessen, dass der Wein des Menschen Herz erfreuen soll. So steht es jedenfalls in der Bibel. Christina Fischer scheint diesen Spruch verinnerlicht und ihn aus Überzeugung zum Motto ihres Lebens gemacht zu haben. Mit Leidenschaft und ohne übertriebene Theatralik. Kein Wunder, dass sie als TV-Sommeliere im VOX-Kochduell die Idealbesetzung abgibt. Und auf ARTE und im ZDF die Zuschauer mit ihrer Weinbegeisterung ansteckte.

Denn Wein ist für Christina Fischer etwas Alltägliches, ohne dabei zu einer Banalität des Alltages zu werden. Bei jedem Schluck bleibt der neugierige, wache Glanz in ihren Augen, als habe sie gerade die Liebe ihres Lebens entdeckt. Dabei ist sie dieser schon längst begegnet. Rolf Fischer ist natürlich kein Sommelier und kein Gastronom, das würde nicht gut gehen. Aber Fischi, wie ihn seine Freunde nennen, ist Genussmensch, der eine faszinierende und ausgleichende Ruhe ausstrahlt. Fischi, der sportliche, belesene und witzige Unterhalter, ist ein wichtiger Team-Partner für Christina Fischer. Der wichtigste. Sie genießt sichtlich seine Nähe, diesen anziehenden Ruhepol, der immer wieder Halt in ihr bewegtes Leben bringt. Und der natürlich ihren Weingenuss und die Tafelfreuden mit der gleichen Leidenschaft teilt. Auch Gegensätze finden immer das Gemeinsame. Und was schmiedet mehr zusammen als die Lust am guten Leben, am Genuss, am gemeinsamen Kochen, Feiern und der immer wieder neu entdeckten Lebensfreude?

Die mag Christina Fischer in die Wiege gelegt worden sein. Denn sie stammt aus dem Pott, genauer aus Essen-Werden. Hier verbindet sich ein gesundes Selbstbewusstsein mit der Bodenständigkeit des Reviers, hier versteht man zu feiern. Anders. Christina Fischers geografische Heimat ist nicht gerade die ideale Gegend für vinologische Ausflüge um die Ecke. Kohlenberge statt Weinberge. Das kühle Blonde statt erfrischendem Riesling. Aber Christina Fischer kann sich nur an Wein erinnern. Vor allem Rheingauer Rieslinge aus der alten Heimat der Familie kommen im Elternhaus auf den Tisch. Schon der Großvater schätzte seinen täglichen Tropfen. Das prägt. Vor allem der Riesling prägt.

Doch den richtigen Draht zum Wein bekommt Christina Fischer erst in England. Ausgerechnet in London. Nach Abitur und Ausbildung im Hotel »Inter Continental Düsseldorf« zieht es die junge Hotelkauffrau – jung, dynamisch, den Kopf voller Ideen – in die britische Hauptstadt, in eine der facettenreichsten Metropolen der Welt, distinguiert, populär, revolutionär. Vor allem die Wine-Bars beeindrucken die junge Deutsche. Hier eröffnet sich ihr eine völlig neue Wein-Szene, eine faszinierende Vielfalt und ein anderer Zugang zu den großen Gewächsen der Alten und Neuen Welt – während eines unkomplizierten Essens, ohne befrackte Oberkellner und Spaßverbot im ohnehin totenstillen Gourmet-Tempel. Einfach Genuss, keine steife Zeremonie. Puristisch, auf das Wesentliche konzentriert, mit Laune serviert und mit Freude genossen. Wäre das ein Konzept für die Heimat?

Zwei Jahre bleibt Christina Fischer in London, bevor sie in Köln ihre Zelte aufschlägt. Im Restaurant »Soufflé« übernimmt sie die Restaurantleitung und arbeitet gleichzeitig als Sommelière. Der Wein fordert ihre ganze Konzentration, er nimmt einen immer größeren Stellenwert in ihrem Leben ein. Christina Fischer liest sich durch die Weinliteratur, besucht Seminare, stiefelt mit Winzern durch Weinberge und Keller und probiert, was sie in die Finger bekommt. Der Fundus fängt an zu wachsen. Das Weingedächtnis wird mit Aromen, Stilistiken und Jahrgängen gefüttert. Immer abrufbereit.

Dann folgt der Ruf ins »Schiffchen« in Düsseldorf-Kaiserswerth. Die Position der Chef-Sommelière im Drei-Sterne-Tempel ist wie ein Ritterschlag. Auf den ersten Blick. Denn die Arbeit mit dem französischen Meisterkoch Claude Bourgueil ist nicht einfach, aber lehrreich. Nach den Erfahrungen in der »Haute Cuisine« wechselt Christina Fischer als Geschäftsführerin und Sommelière ins Kölner Restaurant »Mäxwell«, anschließend geht es in gleicher Funktion ins renommierte Hotel-Restaurant »Brenner'scher Hof« in Köln.

Die Domstadt wird zu ihrer zweiten Heimat. Zum Wein kommt auch mal ein Kölsch. Oder zwei. »'ne halve Hahn« muss sein, schließlich ist man in Köln. Die rheinische Fröhlichkeit, die tatsächlich existiert, ist genau das richtige Umfeld für Christina Fischer. Dazu das passende Genuss-Konzept – das müsste funktionieren. Und was sich Christina Fischer einmal vorgenommen hat, das realisiert sie mit der ihr eigenen Beharrlichkeit. Lächeln, lachen, gewinnen, machen. Zack, zack. Dabei geht sie immer voran, zeigt, wo es lang geht, ist eine ständige Ideenschmiede, die plant, auch verwirft, aber letztendlich vieles selbst in die Hand nimmt und zu Ende führt. Eigentlich eine ideale Managerin. Seit 1996 sozusagen in eigener Sache unterwegs, im eigenen Restaurant »FISCHERS Weingenuss & Tafelfreuden« am Hohenstaufenring 53 in Köln. Keine noble Gegend, eher eine belebte Ringstraße mit allem, was dazu gehört. Der Eingang ist unscheinbar, aber er ist das Entree in eine Welt, in der auch genüsslich gelacht werden darf, wenn Tafelfreuden und die dazu passenden Weine auf die blanken Tische kommen. Ein erfahrenes Service-Team, drei Sommeliers und eine engagierte Küchenmannschaft sorgen dafür, dass täglich frische crosskulturelle Leckereien, saisonale Gerichte und eine breit gefächerte Wein-Auswahl aus der ganzen Welt für den Gast bereitstehen. Von den über 700 Wein-Positionen werden rund 40 Weine auch glasweise angeboten. Die meisten Weine können über den restauranteigenen Weinhandel »Take away« gleich mitgenommen werden. Nach Hause kommen »Weingenuss & Tafelfreuden« über FISCHERS Catering Service, den die innovative Gastronomin und ihr Team maßgerecht auf die jeweilige Veranstaltung ausrichtet. Wer sich zusätzlich von Christina Fischers Weinbegeisterung anstecken lassen möchte, für den bietet ein Team von Spezialisten im Gewölbekeller unterhaltsame Weinseminare und Wein-Veranstaltungen an; vom lockeren Anfängerkurs bis zum Profi-Training. Daneben treffen sich vinophile Genießer immer wieder im »FISCHERS Weinclub«: zum Plaudern und natürlich Genießen.

Ingo Swoboda

Für ihre vielfältigen Aktivitäten rund um die Themen Wein und Gastronomie wurde Christina Fischer bereits 1995 mit dem »Förderpreis Pro Riesling« ausgezeichnet, bekam ein Jahr später den »Wine by the Glass Award« von der Zeitschrift »Decanter« verliehen und gewann 1997 mit ihrer Restaurant-Mannschaft die begehrte »Moët Hennessy Team-Trophy«. Im Jahre 2000 wählte eine Fachjury Christina Fischer für ihr innovatives Gastronomie-Konzept zur »Wirtin des Jahres 2000«. Im gleichen Jahr wurde ihr Restaurant von der Zeitschrift »Der Feinschmecker« und Robert Mondavi mit dem 1. Platz für die »Beste Übersee-Weinkarte Deutschlands 2000« ausgezeichnet. Ein Jahr später kürte der »Gault Millau« Deutschland Christina Fischer zur »Sommelière des Jahres 2001«. Nach zwei Jahren berufsbegleitendem Studium an der FH Geisenheim schließt Christina Fischer 2003 den Studiengang »Diploma Wines & Spirits« des Wine & Spirit Education Trust in London mit bestandener Prüfung ab. Vom »Wine Spectator« wird Fischers Weinkarte seit 2003 der »Award of Excellence« verliehen.

Ein Tag wie jeder andere

Die feinen Unterschiede machen oft das Leben erträglich. Das gilt insbesondere für die Gastronomie. Negativer Stress oder positiver Stress? Nur Letzterer macht das Leben und das Überleben im Restaurantbetrieb für alle Beteiligten erträglich. Es gehört viel Liebe zu diesem Beruf, viel Leidenschaft, Langmut und Ausdauer. Das gilt für den Service wie für die Köche. Gastronomie ist kein Job, sondern volles Engagement für einen Gast, von dem wir eigentlich nichts wissen, außer der Vermutung, dass er für einige Stunden mit Weingenuss und Tafelfreuden zubringen möchte. Sonst wäre er ja nicht hier. Ein Blindflug für das gesamte Team – da muss sich jeder auf jeden verlassen können. Gastronomie ist im Grunde wie Theater. Auf der Bühne muss alles stimmen, die Inszenierung muss perfekt sein. Hinter den Kulissen darf ruhig das Chaos herrschen. Wenn es einen gibt, der das Chaos beherrscht. Ich bin dankbar für mein Team, die Mitarbeiter vor und hinter den Kulissen. Denn ohne sie und ihre Leidenschaft für mein Restaurant-Konzept würde das FISCHERS nicht laufen. Leider bleibt nicht immer die Zeit für das gemeinsame Mittagessen mit der ganzen Crew; zu oft ruft der »gastronomische« Papierkrieg an den Schreibtisch im ersten Stock. Der abendliche Rundgang durch das Restaurant ist denn auch kein Schaulaufen, sondern vielmehr der Vertrauensbeweis für das Team, dass sich die »Chefin« mit Überzeugung hinter ihre Leistung stellt, und für den Gast die Gewissheit, dass im FISCHERS auch Fischer drin ist.

Weingenuss und Tafelfreuden – Realisierung einer Idee

Ob es mein Kindheitstraum war, einmal ein eigenes Restaurant zu besitzen? Diese Frage bekomme ich oft von Journalisten gestellt, und ich muss ehrlich gestehen: Ich weiß es nicht. Kindheitstraum – das klingt eher nach Ballerina oder Tierärztin. Aber Restaurantbesitzerin? Darunter stellte ich mir als Kind eher Geschirr abwaschen, langweilige Kinderportionen und schlecht gelaunte Kellner vor.

Dennoch: Die Richtung stimmt, da bin ich mir sicher. Der Wunsch, mit unterschiedlichsten Menschen für unterschiedlichste Menschen zu arbeiten, meine Ideen und sicherlich auch die eigenen Talente selbst entwickeln und umsetzen zu können: Ist das nicht der eigentliche Traum jedes Menschen? Deswegen habe ich mich ganz bewusst für die Gastronomie entschieden. Es war eine Bauchenscheidung, die ich nie bereut habe, auch wenn Gastronomie kein Zuckerschlecken ist. Aber es ist eine interessante, eine spannende und vor allem abwechslungsreiche Welt. Ein Schulterschluss von Spezialisten und Profis, der von exaktem Timing und Präzisionsarbeit geprägt ist und der jeden Tag neue Chancen bietet. Das auf den ersten Blick scheinbare Chaos ist organisiert und funktioniert. Denn es gibt nur zwei Menschen, denen man Fehler nicht verzeiht: einem Chirurgen und einem Koch.

Gastronomie war und ist für mich immer eine besondere Herausforderung, und sie gab mir die Chance, dem Wein zu begegnen. Auf eine Art und Weise, die mich bis heute an ihn gebunden hat. Im Wein finde ich immer ein Stück Seelenverwandtschaft: Wein bedeutet Dynamik und Bewegung, aber auch Ruhe, Harmonie und Balance. Impulsivität und Sanftheit. Von allem ein bisschen.

Weingenuss

Aber niemals Stillstand, eher eine ewige Baustelle. Unsere Weinkarte spiegelt diese Attribute wider, sie ist ein lebendiges Objekt, an dem permanent von allen gearbeitet und das immer wieder um neue Entdeckungen ergänzt wird. Denn Weingenuss heißt vor allem Vielfalt, die man nicht einfach in Flaschen verpacken kann. Deswegen spielt der glasweise Weinausschank einen wichtigen Part im FISCHERS. Rund 40 Positionen umfasst die »Offene Weinkarte«, die ständig aktualisiert wird. Natürlich bieten wir die so genannten Klassiker, mit denen man nichts falsch machen kann. Aber viel Spannung steckt in den No-Name-Weinen oder Newcomern – Weine, die auf den verschiedensten Wegen ins Restaurant kommen: Entdeckungen unserer Sommeliers, Winzerempfehlungen oder auch mal der Tipp eines Gastes. Wenn die Qualität stimmt – warum nicht? Wein darf niemals statisch betrachtet werden, dafür ist die Szene zu bunt und zu facettenreich. Welches Getränk kann diese geschmackliche Vielfalt bieten? Also warum immer nur auf bekannten Wegen wandeln? Weil uns diese Vielfalt fasziniert, möchten wir sie auch an unsere Gäste weitergeben. Schön, wenn dann der Funke überspringt und nicht nur der Wein aus dem Glas strahlt. Das ist der Moment, in dem ich sicher bin, die richtige Entscheidung getroffen zu haben. Genau wie der Gast, der gerade ein genüssliches Gefühl verspürt und sich dabei wohlfühlt. Weil es ihm schmeckt, weil er etwas gefunden hat, das gerade in diesem Moment zu ihm, seiner Begleitung, seiner Stimmung, seinen Wünschen oder einfach nur zu ihm selbst passt. Es ist das Entdecken von Genuss in einer Welt, in der mehr verloren geht, als gefunden wird. Ich empfinde mein Restaurant als Fundstätte für Weingenuss und Tafelfreuden. Eine ganz einfache, aber für mein Leben als Gastronomin wichtige Idee. Man muss es nicht Philosophie nennen; für mich ist es nichts anderes als gelebte Gastlichkeit, unkompliziert und auf das Wesentliche konzentriert. Denn warum – wenn nicht auf der Suche nach Weingenuss und Tafelfreuden – sollte jemand auf die Idee kommen, in ein Restaurant zu gehen und für Essen und Trinken Geld auszugeben?!

Tafelfreuden

Was macht eine gute Küche aus? Wie oft habe ich mir diese Frage gestellt! Beim Einkaufen auf dem Markt, während der täglichen Menü-Besprechungen mit den Köchen im Restaurant, beim gemeinsamen Mittagessen mit der Crew – meist nach 16 Uhr. Die Neugier auf neue Produkte und Zubereitungsmethoden, geschmackliche Vielfalt und der Mut zum Experiment. Ein guter Koch betätigt sich als Forscher und Trendsetter, als kreativer Motor einer ständigen Esskulturentwicklung. Ein guter Koch ist die Basis für eine gute, feine Küche. Und das Restaurant ist Nährboden und Schauplatz seiner Fähigkeit, eine gute Küche zu kreieren. Das ist die Herausforderung an mein Team und mich, der wir uns jeden Tag stellen. Der Gast soll gut essen. »Einfach gut essen«, obwohl gerade das nicht »einfach« ist. Denn was heißt schon »gut essen«? Kann man vielleicht doch über Geschmack streiten?

Mitnichten! Man sollte, man muss sich sogar entscheiden: zwischendurch reinschieben oder den Genuss geradezu zelebrieren, sinnlich den Gaumen berühren lassen, ohne dabei nur an den Magen zu denken? Denn auch Liebe geht nicht wirklich nur durch den Magen; sie setzt sehr viel höher an. Guter Geschmack präsentiert sich schon an Lippen und Zunge. Das ist keine Frage von Hummer oder Wurstbrot, von Filet oder Bulette. Es geht vielmehr um den Geschmack, und der lässt sich nur an guten, frischen und unverfälschten Lebensmitteln nachhaltig festmachen.

Gute Küche heißt für mich: Qualität.

Gutes Essen setzt gute Produkte voraus, und deswegen lautet unsere Küchen-Devise: CROSSKULTURELL. Zugegeben, das klingt sehr international, ein wenig modisch, vielleicht sogar umständlich, und viele unserer Gäste können sich darunter erst einmal wenig vorstellen. Crosskulturell – wir haben lange an diesem Kunstwort gebastelt, und ich finde, es beschreibt am besten unsere Idee der guten Küche. Wir machen im FISCHERS keine große Gourmet-Küche, keinen Schnickschnack und keine Wundertüten-Zauberei. Unsere Köche sind kreative Handwerker im besten Sinne des Wortes. Im Prinzip ist unsere Küche puristisch-kreativ, sie ist verlässlich gut und eine gesunde Mischung aus verschiedenen internationalen und regionalen Grundprodukten und nicht nur eine Mixtur aus internationalen Stilen. Mir ist nicht wichtig, welcher Stil in der Szene gerade angesagt ist, was »man« gerade isst oder trinkt. Mir ist es lieber, unsere Köche entwickeln ihren eigenen Stil und nutzen dazu die besten Produkte aus allen Küchen dieser Welt. Das verstehe ich unter crosskulturell: Das Original ist immer am besten, ob nun Zitronengras aus Asien, Pasta aus Italien, Curry aus Indien oder Pâté aus Frankreich. Aber auch die Brötchen vom Bäcker nebenan, das Gemüse vom Kölner Markt und die »Flönz us Kölle«. Warum denn nicht? Jeder liefert uns das, was er am besten kann. Und was ist besser als das Original, frisch zubereitet – das sind die Tafelfreuden bei FISCHERS.
Und weil unsere Köche genau wissen wollen, was in ihre Töpfe und Pfannen kommt, beziehen wir seit der Eröffnung unseres Lokals im April 1996 das Fleisch vom »THÖNES Natur-Verbund«. Denn garantiert frisches Fleisch von artgerecht aufgezogenen Tieren ist die beste Grundlage für schmackhafte Tafelfreuden. Ohne Qualität der Produkte kann es auch keine genüsslichen Tafelfreuden geben.

FISCHERS Weinseminare

Wenn Wein-Profis mit ihrer Nase tief im Glas schnüffeln, für jeden hörbar Luft einziehen, mit großer Geste einen ersten Schluck nehmen, geräuschvoll schmatzend den Wein im Mund hin und her kauen, um ihn anschließend mit einem gezielten Strahl in einen Sektkühler zu spucken, dann zeigen sich Wein-Laien durchaus beeindruckt. Meistens. Oder sie sind verunsichert, ob das nun die richtige – noch schlimmer, die einzige – Methode ist, Wein sinnvoll und vor allem sinnlich zu genießen. Keine Angst – sie ist es nicht. Wenngleich das geräuschvolle Verkosten von Wein durchaus Sinn macht. Die intensive Aktivierung der Sinne ermöglicht es dem Verkoster, in kurzer Zeit möglichst viel über den Wein zu erfahren.

Wein ist ein facettenreiches Getränk, dessen Attraktivität nicht immer auf den ersten Schluck zu erkennen ist. Möchte man mehr über den Wein erfahren, gilt es der Sache auf den Grund zu gehen. Nicht bierernst, eher in unverkrampfter Weinlaune. Und das heißt: »mit allen Sinnen genießen«, wenn möglich in aller Ruhe und mit genügend Zeit. Auch Weinkenner wird man nicht über Nacht.

Wer die Weinwelt besser verstehen möchte, braucht einen kompetenten Leitfaden. Sonst verliert man den Überblick schneller, als man ihn bekommt. Jedes Jahr kommt eine neue Ernte hinzu – neben den Neuanpflanzungen weltweit, die vorangegangenen Jahrgänge verändern sich, reifen, altern, gewinnen oder verlieren an Charakter, steigern sich oder flachen ab, bäumen sich zu einem geschmacklichen Höhepunkt noch einmal auf oder werden schlichtweg müde. Diese ständig wachsende Vielfalt der Weinwelt macht den Durchblick nicht gerade leichter. Aber interessant. Und spannend.

In dieser Geschmacksvielfalt liegt irgendwo der passende Deckel zum Topf verborgen, in der scheinbar unüberschaubaren Welt der Weine gibt es klimatische Besonderheiten, Ausbaustile, Bodentypizitäten oder einfach nur Rebsorten, die mit dem eigenen Geschmacksbild harmonisieren und zusammenpassen. Kompatibel, wie im richtigen Leben. Wenn es also schmeckt, ist man auf der richtigen Spur. Im Grunde eine einfache, aber effektive Methode, seinen Favoriten aus der Menge der Weine herauszufinden. Am besten abseits der längst mit deutlichen Hinweisschildern ausgestatteten Pfade des Massengeschmacks. Individualität ist die weitaus interessantere Variante, und dabei spielt der eigene Orientierungssinn für die Auswahl der persönlichen Favoriten die entscheidende Rolle.

Der Weg dorthin ist eine Entdeckungsreise durch die faszinierende Welt der Sinne. Ob ein Wein kalt oder warm ist, kann jeder mit seinem Tastsinn schnell und ziemlich genau entscheiden. Und ob der Wein rein optisch gefällt, ist eine der leichtesten Übungen.

Doch die alles entscheidenden Fragen werden mit dem Geschmackssinn entschieden. Wonach schmeckt der Wein? Schmeckt er überhaupt? Ist das mein Geschmack? Auf die Frage, die im Gaumen längst entschieden ist, folgt in der Regel Nachdenklichkeit, Sprachlosigkeit, Irritation. Es fehlen meist die Worte, die unterschiedlichen Aromen und Düfte einzuordnen und zu beschreiben.

Kein Anlass zu Panik: Wein probieren ist gar nicht so schwer. Die wichtigsten im Wein vorkommenden Aromen, Düfte und Geschmäcker kennt jeder. Denn unser Aromenfundus existiert bereits von Geburt an, ein Reservoir an verschiedenen Dufterinnerungen in unterschiedlichen Intensitäten. Um diese Dufterinnerungen aus dem Gedächtnis abrufen zu können, bedarf es etwas Geduld, die aber eine durchweg angenehme Seite hat. Denn wie beinahe überall, so macht auch hier die Übung den Meister. Das heißt also: Probieren, probieren und immer wieder probieren! Natürlich in Maßen und mit Verstand. Und in einem aufbauenden Wein-Seminar-System, das mit Spaß an die Sache herangeht. Denn Genuss braucht eine entspannte Atmosphäre, um sich über den Geist und die Sinne als Wohlgefühl verbreiten zu können. Dann ist Wein plötzlich nicht mehr das komplizierte Getränk, sondern eben ein echter Genuss. Und zwar pur und mit allen Sinnen.

Natürlich sind nicht alle Komponenten eines Weines gleich zu entdecken und zu schmecken; manche Aromen verstecken sich, andere sind flüchtig oder tauchen erst nach einer gewissen Zeit auf. Wein bleibt immer spannend. Genauso wie unsere Seminare.

Das Schubladensystem der Aromen

Es ist auch für Profis nicht einfach, das Duftbild eines Weines präzise zu beschreiben. Noch schwieriger ist es, die Intensität der Aromen verständlich wiederzugeben. Denn eigentlich leben wir in einer relativ geruchslosen Welt: In Restaurants wird der Geruch nach Essen von vielen als störend empfunden, viele Lebensmittel – immer häufiger ohne Eigengeruch – sind luftdicht verpackt, ja selbst das Bratfett soll beim Braten nicht nach Bratfett riechen. Und jetzt stellt sich im Angesicht eines gefüllten Weinglases die Frage: Wie riechen frische Ananas, reife Kiwi, grüne Äpfel, wie riecht ein Hauch von Zedernholz und gebranntem Karamell?

Selbst wenn die Nase die feinen Aromen längst gepackt hat, fehlen mitunter die treffenden Worte. Denn wie lässt sich ein Duft für jeden nachvollziehbar beschreiben? Leider gibt es keinen absoluten Duftstandard, an dem sich die Beurteilung streng wissenschaftlich orientieren könnte: Jeder Mensch riecht etwas anderes, hat ein individuelles Wahrnehmungsvermögen. Dennoch kann sich jeder etwas unter dem Geschmack einer Erdbeere vorstellen. Um sich Düfte einzuprägen, muss man das Riechen trainieren. Das ist relativ einfach und quasi nebenbei machbar.

Der beste Lehrmeister ist die Natur. Riechen Sie, so oft es geht, an frischem Obst und Gemüse, nehmen Sie ganz bewusst die Gerüche ihrer Umwelt wahr. Gehen Sie mit »offener Nase« durch den Garten, den Wald, über die Felder, über den Wochenmarkt, beschnuppern Sie Blumen und Bäume, Kräuter und Gewürze, Obst und Gemüse. Kaufen Sie auf dem Wochenmarkt frische Äpfel, Ananas, Birnen, Erdbeeren und andere Obstsorten, die gerade Saison haben. Riechen Sie zunächst an der ungeschälten Frucht, dann schneiden Sie die Frucht auf und vergleichen die Duftintensität. Riechen Sie auch an Butter und an frischem Brot, stecken Sie Ihre Nase in den weichen Teig eines Brötchens, und gehen Sie ruhig mal mit »offener Nase« in die überfüllte U-Bahn oder den Linienbus. Sie werden erstaunt sein, wie sich Ihre Gefühle und Stimmungen von Gerüchen leiten lassen. Irgendwann, wenn Sie Zeit und Muße haben, öffnen Sie zwei oder drei Flaschen Wein – es dürfen durchaus einfache Qualitäten sein – und suchen Sie die passenden Aromen im Wein-Bukett. Sie werden natürlich nicht nur Fruchtaromen finden, sondern vielleicht sogar auf zunächst abwegige Geruchs-Ideen kommen. Nicht erschrecken! Speichern Sie diese Eindrücke, und füllen Sie das Schubladensystem Ihres Gehirns mit Erinnerungen an die unterschiedlichen Düfte und Gerüche.

Navigation Richtung Geschmack: die Sinne als Werkzeug

Ein Raum ohne Türen und Fenster ist – im wahrsten Sinne des Wortes – sinnlos. Denn nur durch Öffnungen kann es einen Austausch zwischen innen und außen geben. Unsere Sinne sind ein nach außen geöffnetes Fenster, das uns hilft, Eindrücke einzuordnen und einzugrenzen, um zu entscheiden, was überhaupt sinnlich erkennbar ist. Dabei unterlaufen den Sinnen auch »Fehler«. Jeder kennt das Phänomen: Was im Urlaub fantastisch schmeckte, kann sich zu Hause als geschmacklicher Flop entpuppen. Unser hochsensibles Navigationssystem ist also nicht frei von Stimmungen und Gefühlen. Das ist gerade bei Wein-Verkostungen zu berücksichtigen. Denn wer einen Wein beurteilen möchte, muss sich voll und ganz auf seine sensorischen Möglichkeiten verlassen. Mit Hilfe der Sensorik werden Aussehen, Geruch, Geschmack und der Entwicklungs- und Reifezustand eines Weines erfasst und beurteilt.

Klingt logisch, und auf den ersten Blick scheint alles auch recht einfach zu sein: Sehen, riechen, schmecken. Ein systemimmanenter Prozess, den jeder millionenfach in seinem Leben praktiziert. Ein in Fleisch und Blut übergegangener Ablauf. Aber wie schnell kommt man an seine Sinnesgrenzen?

Das Auge trinkt mit

»Schau'n mer mal.« In diesem Klassiker steckt die ganze Wahrheit des ersten Eindrucks. Und der ist immer ein optischer Eindruck. Aber Vorsicht: Was sichtbar ist, muss nicht unbedingt der Wahrheit entsprechen. Denn obwohl der Mensch in einer Sehwelt lebt, sind gerade hier die Möglichkeiten einer verschobenen Wahrnehmung oder Täuschung am größten. Kann man aufgrund der Farbe überhaupt auf Wein schließen? Oder könnte es auch Apfelsaft sein? Allein mit dem Auge ist kein Wein zu bewerten, denn Geschmacksunterschiede sind nicht sichtbar.

Die optische Prüfung dient allein dazu, Farbe und Klarheit des Weines zu untersuchen. Bitte dabei das Glas immer am Stiel – so bleibt es sauber und durchsichtig und der Wein kühl – etwas schräg gegen das Licht oder einen weißen Hintergrund halten. Im Durchlicht muss der Wein völlig klar sein, die Oberfläche sollte hell spiegeln. Zeigt der Wein Trübungen, schwebende Partikel oder Flocken, muss der Wein nicht unbedingt schlecht sein. In Rotweinen kommen solche Trübungen immer wieder vor; sie bestehen meist aus völlig unschädlichen Gerb- und Farbstoffen. Vor allem in älteren Jahrgängen haben die Weine einen teilweise puderförmigen Bodensatz von ausgefälltem Farbstoff und Tannin, der durch die geringste Erschütterung aufgewühlt wird. Deswegen sollte man gerade älteren Weinen vor dem Öffnen eine Ruhezeit gönnen, damit sich das so genannte Depot am Flaschenboden absetzen und der Wein anschließend vorsichtig dekantiert werden kann. Wenn hierfür die Zeit nicht bleibt oder die Trübstoffe zu intensiv sind, kann man die Weine durchaus mit Hilfe eines kleinen Siebes dekantieren.

Immer der Nase nach

Sie sitzt mitten im Gesicht. Nicht immer schön, aber praktisch.
Der herausragende »Riechkolben« ist ein kleines Wunderwerk und in seinen sensorischen Leistungen bis heute unübertroffen. Keine technische Apparatur kann die Empfindlichkeit und Leistungsfähigkeit der menschlichen Nase auch nur annähernd kopieren. Geschnüffelt wird also weiterhin mit der Nase, das ist beruhigend. Und der Geruchssinn ist unbestechlich, wenn auch bei jedem Menschen individuell anders ausgeprägt. Was der eine kaum wahrnimmt, ist für den anderen schon ein aufdringlicher Duft. In jedem Fall aber wird der Geruchseindruck abgespeichert und mit einer ganz bestimmten Situation oder einem Gegenstand verknüpft. Aus diesem Grund wirken sich Geruchswahrnehmungen unmittelbar auf Stimmung und Gefühlsregungen aus: Gute Düfte wecken angenehme Erinnerungen, Weihnachten kann man förmlich riechen, genauso wie die frische Morgenluft an einem Bergsee.

Aber auch Gefahr kann man riechen. Vielleicht hat es die Natur deswegen so eingerichtet, dass man Gerüchen im Prinzip nicht ausweichen kann. Denn während man sich anderen Sinneseindrücken entziehen kann – die Augen schließen, die Ohren zuhalten, Berührungen ausweichen – sind Gerüche unerbittlich. Die kleinen Duftstoffmoleküle kommen mit jedem Atemzug an die empfindlichen Sinneszellen der Riechschleimhaut heran. Das Gleiche passiert auch beim Kauen und Schlucken. Wir riechen also mehr, als wir am Ende schmecken. Guter Geschmack ist ohne trainierten Geruchssinn nicht möglich.

Sollen feine und feinste Duftnoten, wie sie zum Beispiel im Bukett eines Weines vorkommen, deutlich wahrgenommen werden, müssen sie gezielt an die richtige Stelle in der Nase transportiert werden. Doch zunächst sollte man nach dem Einschenken am unbewegten Glas riechen. Intensive und mehr oder weniger täglich präsente Gerüche wie Zitrone, Minze, Kaffee, Tabak werden in der Regel dabei auch für die ungeübte Nase erkennbar.

Erst danach kommt die Bewegung hinzu. Durch ein schnelles Drehen des Glases wird ein Maximum an ätherischen Ölen und Duftstoffen freigesetzt und durch den entstehenden Luftwirbel der Riechschleimhaut zugeführt. Das funktioniert wie ein Kamin, in dem der Rauch nach oben gezogen wird. Und es kann auch wie ein verrußter Kamin stinken. Denn gerade Fehltöne – Kork, Schwefelgeruch, Böckser (Geruch nach faulen Eiern) oder Essigstich – kommen in der Bewegung besonders intensiv zur Geltung und sind leicht zu erkennen. Wenn das Glas geleert ist, bitte noch einmal die Nase hineinsenken. Viele Duftstoffe, die am Glas haften geblieben sind, sind jetzt noch einmal intensiv wahrnehmbar.

Übrigens: Ein gesunder Mensch kann rund 4000 Gerüche voneinander unterscheiden. Dabei genügt oft schon eine Duftkonzentration von 0,1 Promille. Die optimale Riechempfindung wird über stoßartige, kurze, kleine Atembewegungen erzeugt, ähnlich wie ein schnüffelnder Hund.

Alles Geschmackssache

Am Ende soll der Geschmack entscheiden: Gut oder schlecht – das ist mehr als eine Diskussionsgrundlage. In der Weinszene wird die Entscheidung immer wieder zur Kultfrage stilisiert. Dabei wird das, was zwischen den Zähnen passiert, vielfach überbewertet. Eindeutig. Denn der eigentliche Geschmack ist vor allem von der Wahrnehmung auf der Riechschleimhaut beeinflusst. Im Vergleich zu der Vielfalt und Intensität der Aromen, die über die Riechschleimhaut wahrgenommen werden, erscheint die Zunge als eher grobes Sinneswerkzeug. Nix feine Zunge, dann schon eher feine Nase. Denn am Gaumen werden sich weitgehend die Eindrücke bestätigen, die die Nase längst analysiert hat. Wer also gut riechen kann, hat auch Geschmack.

Aber Wein nur riechen, das kann selbst dem Purismus zugetane Zeitgenossen auf Dauer nicht befriedigen. Schließlich ist Wein ein Getränk und der Name damit Programm. Deswegen kommt der schönste Part einer Verkostung auch am Schluss: Wenn der Wein – am liebsten mit der richtigen Temperatur – langsam über die Zunge gleitet, mit seinen Aromen den Mund ausfüllt, sich kraftvoll breit macht oder sich elegant und filigran durch alle Ecken des Gaumens bewegt, anschließend langsam den Rachen hinunterläuft und sich mit einem aromatischen »Winken« verabschiedet – dann beginnt für mich der eigentliche Spaß am Wein.

Und der sollte genüsslich vorbereitet und zelebriert werden. Da die Geschmacksknospen der Zunge nur an bestimmten Stellen auf Süße, Säure, Bitter- und Salzgeschmack reagieren, bitte den Mund so voll Wein nehmen, dass sich die Flüssigkeit leicht über die ganze Zungenoberfläche verteilen lässt. Damit ein möglichst intensiver Geschmackseindruck entsteht, rollt der Wein idealerweise gleichmäßig über die Zunge hin und her. Das hörbare Schlürfen und Kauen des Weines bei gleichzeitigem Einsaugen von Luft ist natürlich erlaubt und steigert die Wahrnehmung. Klingt außerdem professionell …

Im Augenblick des Schluckens ist die Geschmackswahrnehmung am intensivsten. Im Bereich der Zungenwurzel – hier sind die empfindlichen Papillen in die Zunge eingesenkt – haften die Eindrücke länger als im vorderen Bereich der Zunge. Deshalb wird – wenn eine intensive Geschmacksempfindung im hinteren Zungenbereich ausbleibt – von einem schlechten Abgang und vom »hinten wegfallen« gesprochen. Es empfiehlt sich daher, während der rund zehn Sekunden, die man den Wein bei einer Verkostung im Mund behalten sollte, ein- oder zweimal eine ganz geringe Menge zu schlucken.

Und dann kommt der Augenblick der Wahrheit. Wie schmeckt er? Trocken oder süß? Ist es eine »fette Schnecke« oder eher ein dünnes Weinchen? Hopp oder topp? Bitte keine Schnellschüsse aus der Hüfte. Denn Weine offenbaren sich nicht immer auf den ersten Schluck, ihre Struktur ist meist sehr viel komplexer als vermutet. So dominieren zum Beispiel die süßen Geschmacksaromen im ersten Geschmacksaugenblick. Also – abwarten, dann erst urteilen. Oft wird, wenn der Säuregehalt hoch ist, auch der tatsächliche Zuckergehalt leicht unterschätzt, und umgekehrt. Es ist daher ein weit verbreiteter Irrtum, dass ein trockener Wein ein saurer Wein sei. Ein trockener Wein enthält nicht unbedingt mehr Säure als ein lieblicher, aber die Säure tritt deutlicher hervor, weil sie nicht, wie im lieblichen Wein, durch Süße geschmacklich aufgefangen wird. Eine unangenehme, beißende Säure weist eher auf mangelnde Reife der Trauben bei der Lese hin. Bei den Rotweinen sind es vor allem die Tannine, die aus den Traubenstielen, Beerenschalen, Kernen sowie aus dem Holz der Weinfässer stammen, die das Gerüst des Weines ausmachen.

DIE REBSORTEN

Am Anfang eines Weines steht die Rebsorte. Aber welche? Immerhin gibt es mehr als 10 000 verschiedene Sorten. Viele dieser Varietäten sind allerdings für den Weinbau bedeutungslos, nur wenige Sorten haben sich als »Global Player« etabliert. Und die finden sich mittlerweile in fast allen Weinbergen rund um den Globus. Die 50 meistangebauten Sorten machen derzeit knapp 95 Prozent der gesamten Weltweinproduktion aus. Tendenz weiter steigend. Das Gros dieser erfolgreichen Sorten stammt aus der europäischen Weinwelt – vor allem aus Frankreich – wo sie sich seit Jahrhunderten bewährt haben, bevor sie von Weinbaupionieren in die Neue Welt gebracht wurden. Gemessen an den bekannten Rebsorten ist die Zahl 50 eine gezielte Eingrenzung der Vielfalt. Aber mit der zunehmenden Globalisierung spielt die von Erfahrung geprägte Kompatibilität mit Klima und Boden eine immer geringere Rolle. Dagegen rückt die erfolgreiche Vermarktung einer bestimmten Rebsorte oder eines Weinstils verstärkt in den Vordergrund. Und die lässt sich nun einmal am besten über ein konstantes und jedes Jahr gleich wiederkehrendes Geschmacksbild erreichen.

Was möchte die Welt trinken? Gleichzeitig mit dieser Frage gewinnt die Vereinheitlichung des Weinkonsums an Boden und die Rebsorte als Zuordnungsfaktor und Wiedererkennungsmerkmal immer mehr an Bedeutung. Vor allem in der Neuen Welt wird die Wahl der Rebsorte in der Regel durch den angestrebten, weil marktrelevanten Weinstil bestimmt. Als »Neue Welt« bezeichnet man die Länder Südamerikas, Südafrika, die USA, Australien und Neuseeland.

In den Ländern der Europäischen Gemeinschaft bestimmt das Verbraucherverhalten nur bedingt die Produktion. Ohnehin ist vorgeschrieben, welche Rebsorte an welchem Standort zulässig ist. Doch die meisten Winzer haben kaum eine Entscheidungsfreiheit pro oder contra Rebsorte. Ein Sortenwechsel ist teuer und rechnet erst nach Jahren die Investition, denn Weinberge brauchen einige Jahre, bevor sie die ersten Trauben tragen. Dazu kommt in der Alten Welt die traditionelle Verbundenheit mit einer Rebsorte, das damit eng verknüpfte Know-how, die Bindung eines Weinstils an eine Region und letztendlich die Rücksichtnahme auf kleinklimatische Verhältnisse auf engem Raum und im Zusammenspiel mit einer wechselhaften Bodenbeschaffenheit.

Immer mehr gewinnen auch die osteuropäischen Weinländer an Bedeutung. Was jahrzehntelang hinter dem Eisernen Vorhang schlummerte, erwacht nun langsam zu neuem Leben.

Sind in den letzten 200 Jahren europäische Rebsorten in Richtung Neue Welt »ausgewandert«, so treten nun viele dieser Rebsorten ihren Siegeszug in die umgekehrte Richtung an und machen Weine populär, die im alten Europa längst ihren Glanz eingebüßt hatten. Bestes Beispiel war die Chardonnay-Welle aus der Neuen Welt zu Beginn der 1990er Jahre, die die klassische Rebsorte aus dem Burgund zu einer neuen – wenn auch nicht immer strahlenden – Popularität verholfen hat. Aber immerhin wurde der Fokus wieder verstärkt auf diese alte Rebsorte gelegt und von manchem Winzer zu neuen Ehren geführt. Seit einigen Jahren erleben wir in den USA einen Riesling-Hype, der der edlen Weißweintraube auch im Heimatland Deutschland zu neuem Ruhm verholfen hat. Der Grüne Veltliner, Österreichs Rebsorten-Flaggschiff, macht in Übersee Karriere und rückt damit bei den heimischen Winzern immer stärker ins Bewusstsein. Allerdings darf man nicht verkennen, dass es sich bei Riesling und Grünem Veltliner – gemessen an der weltweit produzierten Weinmenge – um Spezialitäten in kleinsten Mengen handelt. Für den weltweiten Anbau eignen sich die genannten Rebsorten nicht, da haben Chardonnay & Co. eindeutig die Nase vorne.

Die Rebsorte oder Traubensorte bestimmt primär den Charakter des Weines, seinen Geschmack und seine Art. Sie ist das prägende Moment im Wein und damit auch in einer Verkostungen am leichtesten zu erkennen. Schon die Beerenhaut bestimmt von vornherein die Farbe des Weines. Auch wenn die Rahmenbedingungen wie Boden, Klima, Wasserversorgung und Anbaumethoden des Winzers Einfluss auf den Geschmack ausüben, so spricht es doch für Qualität der Sorte, wenn sie ihr grundlegendes Geschmacksbild auch bei unterschiedlichsten Wachstumsbedingungen behält.

RIESLING

Apfel, Ananas, Zitrone, Aprikose, Pfirsich, Birne, Limette, Blüten, Mirabelle, Schiefer

Ich gestehe: Riesling ist meine Lieblingssorte. Dieses Geständnis ist heute populärer denn je und hat längst keinen exotischen oder verstaubten Touch mehr. Im Gegenteil. Riesling ist in wie seit Jahrzehnten nicht mehr, die kleine runde Traube erlebt seit einigen Jahren eine regelrechte Renaissance – trotz der immer wieder aufflammenden Säurediskussion. Dabei ist es gerade dieses ausbalancierte leichte Kribbeln, die knackige Frische der leicht prickelnden Säure im Zusammenspiel mit Frucht, Süße und Alkohol, die für mich den Riesling zu einem besonderen Geschmackserlebnis macht. Ein Wein mit Rückgrat, dabei vielfältig und facettenreich. Dieser, nennen wir es »selbstbewusste Auftritt« am Gaumen ist natürlich nicht jedermanns Geschmack. Riesling fordert heraus, meldet sich – gerade wegen seiner prägnanten Säurecharakteristik – förmlich im Gaumen zu Wort und verzeiht keine Fehler. Eine richtige Diva. Durchaus launisch, aber wenn Riesling gut gemacht ist, dann trumpft die Rebsorte ordentlich auf. In allen Variationen, die sie spielend beherrscht.

Das Geheimnis seines Erfolges liegt in seiner enormen Flexibilität: Die Diva macht in Jeans und kleinem Schwarzen eine gute Figur. Je nach Geschmack vom einfachen Tafelwein über leichte Kabinett-Weine, elegante Spätlesen bis zum edelsüßen Spitzenwein. Die bilden zwar nur die Spitze des Eisberges, haben aber nicht unmaßgeblich zur weltweiten Karriere der Rebsorte beigetragen. Denn die edelsüßen Gewächse – untergliedert nach Auslese, Beerenauslese, Trockenbeerenauslese und Eiswein – gelten als nahezu unbegrenzt lagerfähig, zumindest schaden einige Jahrzehnte Reifung nicht der Eleganz und fruchtigen Lebendigkeit. Und das ist doch schon etwas – welche Rebsorte kann da mithalten? Sicher sind das keine Weine für jeden Tag, aber auch Genuss braucht Highlights, die ganz bewusst den üblichen »Geschmacksrahmen« sprengen.

Keine Rebsorte der Welt ist in der Lage, Frucht, Säure, Süße und Alkohol so facettenreich und vielschichtig zu vereinen.

Ist Riesling deswegen die Königin unter den weißen Rebsorten? Für mich ist sie es, auch wenn ihr zur wirklichen »Regentschaft« der flächenmäßige Background fehlt. Denn Riesling bevorzugt relativ kühle Klimazonen – *cool climate* – und das schränkt seinen Wirkungsgrad erheblich ein. In Deutschland steht der Riesling mit rund 20 Prozent Flächenanteil auf Platz eins der Rebsortenliste. Das Mosel-Saar-Ruwer-Gebiet mit seinen Steilhängen und der traditionsreiche Rheingau gelten als das nördliche Schaufenster des Rieslings. In Frankreich ist der Riesling – das hat historische Gründe – nur im Elsass offiziell zugelassen. Österreichs Winzer haben in den letzten Jahren immer mehr Interesse an der Rebsorte gezeigt. Vor allem die Wachau und das benachbarte Kamptal haben den kleinen Riesling-Boom in Österreich eingeläutet. In der Neuen Welt spielt der Riesling nur in Australien eine – wenn auch bescheidene – Rolle und hat seine ursprüngliche Spitzenposition längst an den Chardonnay abgetreten. Seit Beginn der 1980er Jahre ist der Riesling auch in Neuseeland präsent – hier kommt ihm das kühle Klima entgegen. Auch wenn die USA derzeit einen Riesling-Hype erleben, so werden doch vorwiegend Gewächse aus Europa nachgefragt. Der US-Riesling fristet in den Anbaugebieten des amerikanischen Kontinents ein Schattendasein. Zwar bieten einige Produzenten in Kalifornien »Select Late Harvest« – vergleichbar einer Beerenauslese – an, aus kühleren Regionen kommen durchaus respektable Weine und auch der Washington-Riesling macht in guten Jahren durchaus eine gute Figur. Aber Riesling ist und bleibt ein Aushängeschild der Alten Welt, und er ist eine, wenn nicht sogar *die* Stärke der deutschen Winzer.

Qualität per Gesetz

Während in anderen europäischen Ländern die Herkunft des Weines als Indiz für die Qualität gilt, hängt die deutsche Qualitätsbeurteilung des deutschen Weines einzig vom Mostgewicht der Traube ab. Das Mostgewicht wird in Oechslegrad gemessen und gibt den Zucker- und damit auch den potenziellen Alkoholgehalt an. Die Höhe der Oechslegrade misst die Differenz, die ein Liter Most schwerer ist als ein Liter Wasser, also 1000 Gramm übersteigt. Wiegt ein Liter Most beispielsweise 1100 Gramm, dann beträgt das Mostgewicht 100 Grad Oechsle. Je reifer die Trauben sind, desto höher ist ihr Zuckergehalt und entsprechend höher auch das Mostgewicht. Je höher die Oechslegrade, desto höher die Qualitätsstufe des Weines. Die für die Qualitätsstufen vorgeschriebenen Oechslegrade schwanken ja nach Anbaugebiet. Mit Geschmack hat das erst einmal nichts zu tun.

Das deutsche Weinrecht unterscheidet zunächst zwei Güteklassen, die wiederum in je zwei Qualitätsstufen unterteilt sind. Jeder deutsche Wein muss mit einer dieser Bezeichnungen deklariert werden.

Tafelwein

Deutscher Tafelwein: aus deutschem Lesegut und von deutschem Boden. Die Anreicherung zur Erhöhung des Alkoholgehaltes ist erlaubt. Mindestmostgewicht: 44 Grad Oechsle, in Baden 50 Grad Oechsle.

Deutscher Landwein: gehobene Stufe des Tafelweins mit höherem Mostgewicht. Die Region, aus der der Wein stammt, muss angegeben sein. Anreicherung ist erlaubt, Mindestmostgewicht: 47 Grad Oechsle, in Baden 53 Grad Oechsle.

Qualitätswein

Alle Qualitätsweine müssen einer amtlichen Prüfung unterzogen werden, bei der der Wein sowohl chemisch analysiert als auch sensorisch beurteilt wird. Als Nachweis der bestandenen Prüfung wird eine Nummer vergeben, die auf dem Etikett angegeben werden muss.

Qualitätswein bestimmter Anbaugebiete (QbA): Der Wein muss zu 100 Prozent aus einem der 13 deutschen Anbaugebiete stammen. Das Gebiet muss auf dem Etikett angegeben werden. Anreicherung erlaubt.

Qualitätswein mit Prädikat (QmP):

Ja nach Reife werden Prädikatsweine mit einem von sechs Prädikaten ausgezeichnet, das auf dem Etikett stehen muss. Die Mostgewichte variieren mit der Rebsorte und dem Anbaugebiet. Prädikatsweine dürfen nicht angereichert werden.

Kabinett: feine, elegante Weine aus reifen Trauben, geringer Alkohol.

Spätlese: reife Weine mit feiner Frucht. Die Ernte darf frühestens sieben Tage nach Beginn der allgemeinen Lese beginnen.

Auslese: meist restsüße Weine aus vollreifen Trauben.

Beerenauslese: fulminante Weine aus überreifen Trauben mit hohem Restzucker. Die Beeren werden einzeln ausgelesen.

Trockenbeerenauslese: Wird aus rosinenartigen eingeschrumpften Beeren gekeltert. Hohe Süße und Extrakte. Sehr lange Lagerfähigkeit.

Eiswein: Die Beeren werden in gefrorenem Zustand gelesen und bei mindestens minus 7 Grad gekeltert, damit das Wasser gebunden bleibt und nur das Fruchtkonzentrat ausgepresst wird.

Das Qualitätssystem der Oechslegrade klingt relativ einfach und einleuchtend. Ist es auch. Aber es muss die Frage erlaubt sein, ob man tatsächlich die Qualität eines Weines ausschließlich an seinen Zuckergraden messen kann? Eine heikle Frage, an der sich seit Jahren die Geister scheiden. Was ist mit den Böden, was ist mit dem Terroir, welche Rolle spielt die physiologische Reife der unterschiedlichen Rebsorten und kann man ständig wechselnde Qualität tatsächlich mit festgelegten Parametern beurteilen? Bleibt am Ende da nicht der gute Geschmack auf der Strecke?

Den Königsweg hat noch keiner gefunden, und die Suche gestaltet sich schon deswegen schwierig, weil sich die einzelnen Verbände und Regionen nicht auf eine einheitliche Sprachregelung verständigen können. Typisch deutsch möchte man meinen, Kleinstaaterei auch in Sachen Qualitätsmessung. Hinzu kommen die halbherzigen Bemühungen, die vor allem für ausländische Verbraucher undurchsichtigen Qualitätsbezeichnungen zu vereinfachen. Mit neu geschaffenen Begriffen wie Classic und Selection, Erstes Gewächs, Großes Gewächs und Erste Große Lage wird die undurchsichtige Vielfalt und damit die Verwirrung eher größer. Und die Beschreibung der einzelnen Kriterien, die der Gesetzgeber oder die einzelnen Verbände für die jeweiligen Bezeichnungen voraussetzen, würde den Rahmen dieses Buches sprengen. Schon das ist verdächtig und riecht nach Qualität per Verordnung. Ich gestehe ganz offen, dass ich noch nicht weiß, welche Richtung der deutsche Wein in Sachen Qualitätsbezeichnung gehen soll. Auf jeden Fall ist für mich immer noch die beste und sicherste Methode: Korken raus und einfach probieren. Qualität macht sich dann schon bemerkbar. Dahinter steht immer der Name und die Philosophie des Winzers. Mit oder ohne großen Worten und Bezeichnungen auf dem Etikett.

Terroir – Fluch oder Segen?

Kaum ein Begriff hat in den letzten Jahren die Gemüter der Weinwelt so bewegt und erhitzt wie das kleine Wörtchen »Terroir«, ein Begriff aus der französischen Sprache, der wörtlich übersetzt nichts anderes als Boden bedeutet (Langenscheidts Handwörterbuch Französisch, 1. Auflage, Jahr 2000). Gleichwohl findet sich zur Übersetzung auch der Hinweis: »Besonders für den Weinbau geeignet«. Hieraus ist eine Diskussion entstanden, die nicht nur an den bestehenden Grundfesten der deutschen Qualitätsklassifizierung nach Oechslegraden rüttelt, sondern geradezu in einem önologischen Manifest gipfelt. Was aber steckt hinter diesem Wort, was verbirgt sich hinter »Terroir«? Unabhängig von der Frage, ob die im deutschen Weingesetz verankerte Oechsle-Klassifizierung vor allem die industrielle Weinherstellung bevorzugt, weil sie ausschließlich auf den Zuckergehalt des Rebensaftes abstellt, damit alle Weine in einen Bewertungstopf wirft und die anderen Qualitätskriterien wie Boden, Rebsorte, Winzer und Klima mehr oder weniger vernachlässigt, stellt sich aber auch die Frage, inwieweit eine Klassifizierung des Bodens dem hohen Anspruch einer transparenten Klassifizierungspyramide gerecht wird.

Mit dem Begriff Terroir wird eine scheinbar systemimmanente Qualität verbunden, die letztendlich die daraus resultierende Weinqualität garantieren soll, deren Abgrenzungskriterien aber keiner einheitlichen Überprüfbarkeit mehr unterworfen sind, weil jedes Terroir für sich ein mehr oder weniger geschlossenes und vor allem individuelles Natursystem darstellt. Terroir ist zunächst einmal kein primäres Qualitätsmerkmal sondern vielmehr das Gedächtnis der Natur, das sich aus vielen, für eine bestimmte Landschaftsstruktur typischen, weil natürlichen Gegebenheiten zusammensetzt. Dazu gehören Bodenstrukturen und Formationen, geografische Besonderheiten und klimatische Verhältnisse. Dazu gehört natürlich auch die Handschrift des Winzers. Insoweit ist jedes Terroir eine gespeicherte Geschichte, quasi eine einzigartige Natur-Cuvée, die bestimmte, immer wiederkehrende schmeckbare Konstanten hervorbringen kann. Terroir bietet in seiner jeweiligen Begrenzung durchaus geschmackliche Sicherheit. Darin liegt die Authentizität, nämlich die Echtheit und Zuverlässigkeit begründet, die der Boden im Zusammenspiel mit einer Rebsorte leisten kann. Terroir ist also zunächst Erinnerung und keine Privilegierung. Denn jede Bodenformation kann dieses leisten, großartige Weinqualitäten von mehr oder weniger unbekannten und vor allem nicht historischen Weinbergen haben das in den letzten Jahrzehnten eindrucksvoll – und schmeckbar – bewiesen.

Wo immer von Terroir die Rede ist, tritt die Rebsorte in den Hintergrund. Sie kann nur Sprache des Terroirs sein, so wie die Farben den Gesamteindruck eines Bildes ausmachen und sich die einzelnen Instrumente zur Musik ergänzen. Der »goût« existiert zwar ausschließlich in den Trauben, die aber erst durch die Besonderheiten des Terroirs, auf dem sie wachsen, ihren unverwechselbaren Geschmack bekommen und damit in der Bedeutung zweitrangig sind. Für den Winzer bedeutet Terroir das Vertrauen in den bekannten Boden und das Erkennen und Umsetzen seiner Möglichkeiten. Aber das Terroir ist damit noch kein Garant für Qualität. Würde man die Terroir-Idee konsequent umsetzen, dürfte es aus einem Weinberg nur eine Geschmacksrichtung, eben die typische, geben. Insoweit ist Terroir einseitig, darin konstant und einmalig.

Salat von Corona-Bohnen

200 g weiße große Bohnen
(Corona-Bohnen)
Salz, 2 kleine Schalotten
etwas Olivenöl
2 sonnengetrocknete Tomaten
100 ml Gemüsebrühe
1–2 EL Senf
Salz, Zucker
50 ml weißer Balsamico-Essig
½ Bund frisches Basilikum
½ Bund frischer Sauerampfer

Die weißen Bohnen über Nacht einweichen, am nächsten Morgen in Salzwasser langsam weich garen. Die Schalotten würfeln und in heißem Öl leicht anschwitzen. Die sonnengetrockneten Tomaten in feine Streifen schneiden. Die abgetropften Bohnen mit den Tomaten und Schalotten vermischen. Aus Brühe, Senf, Salz, Zucker und Balsamico eine Vinaigrette rühren und mit dem Salat vermischen. Vor dem Servieren das fein geschnittene Basilikum und den Sauerampfer dazugeben.

Geräucherter Bachsaibling

Alufolie
1 EL Olivenöl
4 Bachsaiblingfilets à 50 g mit Haut
1 Prise Salz
10 ml Zitronensaft
10 g Wacholderbeeren
50 g Räuchermehl
(beim Metzger fragen)

Die Alufolie leicht einölen, die Saiblingfilets mit Salz und Zitrone würzen und in die Folie packen.
In eine sehr heiße Pfanne Räuchermehl und Wacholderbeeren geben. Danach die Fischfilets mit der Haut zirka 3 bis 4 Minuten auf einem Rost bei geschlossenem Deckel garen. Den warmen Fisch auf Salat anrichten.

Der passende Wein zum Bohnensalat

2002 Rüdesheim Berg Schlossberg
Weingut Georg Breuer
Rüdesheim, Rheingau

Seit 1880 betreibt Familie Breuer Weinbau in Rüdesheim, aber erst unter dem leider viel zu früh verstorbenen Bernhard Breuer bekam der Betrieb eine konsequente Qualitätsausrichtung. Breuer dachte nicht nur in eigener Sache – er war auch ein Vordenker und Ideengeber für den Rheingau und für die gesamte deutsche Weinszene: Initiator der CHARTA-Vereinigung, Mitbegründer des Rheingau Gourmet Festivals und sein ganzes Winzer-Leben lang ein unermüdlicher Streiter für eine Klassifizierung der besten Weinbergslagen im Rheingau.

Vor allem aber war Bernhard Breuer ein großartiger Mensch, und er brachte Jahr für Jahr einige der besten deutschen Rieslinge auf die Flasche. Einer davon ist der 2002er aus dem Berg Schlossberg, jener Paradelage im Rüdesheimer Berg hoch über dem Rhein, aus dem Breuer seine mineralisch geprägten Meisterwerke holte. Auch wenn der Wein erst am Beginn seiner Entwicklung steht, zeigt er schon jetzt in einem eleganten Aromenzusammenspiel von Zitrus, reifem Pfirsich, Apfel und Aprikose seine tiefgründige Vielschichtigkeit. Am Gaumen spürt man den feinen Schmelz und findet alle Fruchtaromen wieder, die schon beim Schnuppern in der Nase stecken bleiben.

Nur treten sie jetzt saftig auf, präsentieren sich kompakt und dennoch spielerisch im Einklang mit der Säure. Zugegeben, die Säure erscheint vielleicht noch eine Idee zu dominant, aber das wird sich im Laufe der Jahre ändern. Denn der Wein hat Zukunft. Wer ihn allerdings jetzt schon genießen möchte – und er ist wirklich ein Genuss –, sollte ihn vor dem Servieren unbedingt dekantieren. Dadurch öffnet sich der Wein, wird zugänglich und zeigt sich von seiner besten Seite. In den Bohnen findet dieser kräftige, vielschichtige, jedoch noch junge Riesling einen idealen Partner, denn die in Bohnen enthaltene Stärke puffert die Säure wunderbar ab. Deshalb passt dazu auch der leicht fetthaltige Saibling. Sauerampfer und Basilikum bringen dagegen vegetative, frische Aromen ins Spiel, die getrockneten Tomaten eine eher reife Note. Die Vinaigrette präsentiert sich am Gaumen mit Hilfe der Gemüsebrühe etwas weicher und federt die schmeckbare Säure ab.

Aber Achtung: Saibling und Riesling alleine, das geht nicht gut – der Riesling würde am Gaumen metallisch schmecken. Deshalb ist bei diesem Gericht die Kombination aller im Gericht enthaltenen Bestandteile so wichtig.

QUOD ERIT CORPUS
IN ME EST
LE CORPS DU FUTUR
EST EN MOI

GEORG BREUER

2002

BERG SCHLOSSBERG

VON DIESEM JAHRGANG WURDEN 6875 FLASCHEN,134 MAGNUM,
15 DOPPELMAGNUM UND 10 IMPERIAL ABGEFÜLLT

Riesling-Huhn mit Geflügelkößchen

Gemüse und Pilze putzen, in Form schneiden und einzeln bissfest garen oder blanchieren. Die Poularde zerteilen und alles – bis auf die beiden Brüste – mit den Gemüseabschnitten, Wasser, Lorbeerblättern und Pfefferkörnern kalt aufsetzen. Langsam erhitzen und zirka 2 Stunden köcheln lassen. Der Fond muss klar bleiben.

Eine Poulardenbrust enthäuten, klein schneiden und mit Sahne, Ei, Eigelb und Gewürzen im Cutter (Küchenmaschine mit feinem Messer) zu einer Farce mixen. Anschließend den klein geschnittenen Kerbel unterziehen. Mit einem Löffel Nocken abstechen und in etwas Fond gar ziehen lassen.

Die andere Poulardenbrust würzen, in Butter leicht anbraten und mit etwas Riesling ablöschen. Den Geflügelfond mit dem restlichen Riesling, Salz, Pfeffer und Muskat abschmecken.

Die geschnittene Poulardenbrust, die Klößchen, das gemischte Gartengemüse, die Pilze und den Riesling-Geflügelfond in einem tiefen Teller anrichten.

Tipp: Der Wein, der zum Essen serviert wird, sollte auch zum Abschmecken benutzt werden. Der Fond darf dann aber nicht mehr kochen, weil sonst der feine Geschmack des Weines verloren geht.

Riesling-Huhn
300 g Karotten mit Grün
200 g Sellerie
1 Bund Frühlingslauch
8 Kirschtomaten
100 g Zuckerschoten
200 g kleine Pfifferlinge
1 Poularde
1 l Wasser
Lorbeerblätter, Pfefferkörner

Geflügelklößchen
100 ml Sahne
1 Ei
1 Eigelb
Salz, Pfeffer, Muskat
Kerbel
Butter
300 ml Riesling

Der passende Wein zum Riesling-Huhn

2002 Königsbach Idig
Riesling Grosses Gewächs
Weingut A. Christmann
Gimmeldingen, Pfalz

Eigentlich ist Steffen Christmann Rechtsanwalt, aber das war ihm dann doch zu trocken. Deswegen ist er in das elterliche Weingut zurückgekehrt und hat eine glänzende Winzer-Karriere hingelegt. Aber Christmann ist nicht nur Anwalt in eigener Sache. Der überzeugte Pfälzer ist ein engagierter Kämpfer und Vordenker für eine qualifizierte Lagenklassifikation, immer mit dem Blick über den berühmten Tellerrand. Seine Weine gehören längst über die Pfälzer Grenzen hinaus zur deutschen Spitzenklasse.

Die Christmann-Weinberge liegen rund um Gimmeldingen, eine der besten Lagen ist der Königsbacher Idig. Und genau aus diesem Weinberg stammt der Wein, der dem Riesling-Huhn den kulinarischen Ritterschlag verleiht. Schon die angenehme, leicht reife Nase öffnet einen vielschichtigen Einblick in diesen körperreichen Wein: Aprikose, Pfirsich, reifer Apfel, ein wenig Quitte, Rauch, Sahnekaramell und eine bestechende Mineralität triumphieren im Bukett. Große Klasse, dass sich dieser Eindruck auch am Gaumen bestätigt. Jetzt zeigt der Idig seine wahre Eleganz und lässt durchaus die »Muskeln« spielen. Aber sehr gezielt und ohne banal wirkende Power. Denn die leichten Zitrusaromen bringen Frische in die Struktur und beleben die dichten Fruchtaromen. Dahinter versteckt sich zwar die Säure, aber man spürt sehr genau ihre Präsenz. Sie bildet das eigentliche Rückgrat des Weines und ist damit ein entscheidender Pfeiler für die Reifung.

Es ist von Vorteil, auch diesen Riesling zu dekantieren. Ein bisschen frische Luft tut gut. Denn geschmacklich hängt der Wein zwischen Jugend und beginnender Reife, was ihn nicht gerade als idealen Speisenbegleiter auszeichnet. Aber auf das Riesling-Huhn ist Verlass. Es liebt diese »vinologische Hängepartie«, weil sich der Geflügelfond exzellent mit dem Riesling verbindet. Die Brücke, über die dieser kräftige Riesling mit Leichtigkeit marschiert, sind die leicht erdig schmeckenden Pfifferlinge, der Sellerie, die leicht süßlichen Karotten und die Geflügelklößchen. Für eine optimale Verbindung ist es wichtig, dass der Geflügelfond mit dem entsprechenden Wein abgeschmeckt wird. Damit das Huhn darin baden kann … und Sie am Ende beides genießen können.

Ziegenkäse-Tarte mit Aprikosen-Chutney und Riesling-Eis

Tarteteig
180 g Mehl
130 g Butter
70 g Puderzucker
1 Prise Salz, 1 Eigelb
1 TL Crème fraîche
Tartefüllung
300 g Ziegenfrischkäse
70 g Zucker
80 ml Sahne
20 g Mehl, 2 Eier
1 Abrieb einer unbehandelten Zitrone
1 Abrieb einer unbehandelten Orange

Aprikosen-Chutney
50 g Zucker
10 g Ingwer, 1 kleine Stange Zimt
150 g frische Aprikosen
30 g getrocknete Aprikosen
½ Limette, 100 ml Ananassaft
5 g Speisestärke

Riesling-Eis
1 Blatt Gelantine, 250 ml Riesling
100 g Läuterzucker (50 g Zucker
in 50 ml Wasser aufgekocht)

Tarte

Teig-Zutaten verkneten und eine Stunde bei Zimmertemperatur ruhen lassen. Teig in eine Backform dünn einkneten, mit Backpapier auslegen und mit Linsen oder dergleichen füllen. Bei 180 °C zirka 10 Minuten backen, danach Temperatur für 10 Minuten auf 160 °C reduzieren. Herausnehmen und das Backpapier mit den Linsen entfernen.

Die Zutaten für die Füllung zu einer geschmeidigen Masse verrühren, auf dem vorgebackenen Boden verteilen und zirka 75 Minuten bei 155 °C backen. Danach die Tarte noch 10 Minuten im heißen Ofen stehen lassen.

Aprikosen-Chutney

Zucker karamellisieren, Ingwer und Zimt beigeben, die klein geschnittenen frischen und getrockneten Aprikosen zufügen und die abgeriebene Schale der Limette dazugeben. Mit Ananassaft auffüllen und zirka 5 Minuten köcheln lassen. Mit kalt angerührter Speisestärke leicht abziehen.

Riesling-Eis

Gelatine in kaltem Wasser einweichen. Riesling aufkochen, Läuterzucker dazugeben. Anschließend die eingeweichte, gut ausgedrückte Gelatine dazugeben, passieren und alles in einer Sorbetière zu Eis gefrieren.

Der passende Wein zur Ziegenkäse-Tarte

2003 Riesling Spätlese Goldkapsel
Schloss Vollrads
Oestrich-Winkel, Rheingau

Wer jemals – wie übrigens schon Goethe – zu Fuß den Weg von Winkel in Richtung Schloss Vollrads gelaufen ist, war sicherlich fasziniert von der einzigartigen Kulisse, die das Weingut schon von weitem bietet. Wie ein Fingerzeig schaut der alte Turm aus dem Rebenmeer heraus. Richtig schön romantisch. Ein Schloss wie aus dem Bilderbuch, mit langer Vergangenheit, natürlich auch mit Höhen und Tiefen. Seine Ursprünge liegen im 13. Jahrhundert, von düsterer Schlosskulisse ist jedoch nichts zu sehen. Im Gegenteil. Seit der charismatische Rowald Hepp den Traditionsbetrieb führt, wurde das Schloss Stück für Stück aufpoliert. Heute erstrahlt das Herrenhaus in neuem Glanz, es wurde eine sehenswerte Vinothek eingerichtet und das Gutsrestaurant in der Orangerie erweitert. Auch mit seinen Weinen.

Schloss Vollrads hat inzwischen wieder Anschluss an die Spitze im Rheingau gefunden. Und es gehört schon deswegen zu meinen Favoriten, weil es ausschließlich Riesling anbaut.
Die Spätlese Goldkapsel ist so ein Wein, der Schloss Vollrads unwiderstehlich macht. Frucht! Im Gaumen explodieren förmlich die exotischen Aromen von Maracuja über Ananas bis zu Pfirsich und Aprikose. Die zarte karamellige Note gibt dem Ganzen noch einen besonderen Kick und beweist die immense Extraktkonzentration. Das ist Weingenuss pur, so macht Riesling Spaß. Einfach mal so, oder auch als Begleitung zum Dessert, das eher kräftige als zuckrig-süße Aromen beinhaltet. Wie die Ziegenkäse-Tarte, die sich mit käsigen, würzigen, leicht salzigen Aromen präsentiert. Ein gefundenes »Fressen« für die Süße und jugendliche Frische des Vollrads-Rieslings. Dazu noch ein Riesling-Sorbet, das zusätzliche Frische verleiht. Unbedingt beachten: Das Sorbet nur gemeinsam mit den anderen Komponenten zum Wein genießen. Als Solo-Nummer hätte es keine Chance und würde nicht zum Wein passen. Umgekehrt auch nicht! Also kein freizügiges, losgelöstes Essen, sondern in diesem Fall bitte mit Anleitung! Das ist ein junger Riesling, der direkte Zuordnung benötigt. Bei reiferen Weinen ist das Zusammenspiel oftmals viel einfacher, weil sie nicht mit jeder ihrer Facetten auf jede Ausprägung reagieren, sondern sich an die entsprechenden Gerichte eher anschmiegen.

SILVANER

Blüten, Kräuter, Minze, Honig, Melone, Gras, Zitrone

Schon bei der Schreibweise gehen die Meinungen auseinander: Silvaner oder Sylvaner oder sogar Grüner Silvaner? Dabei könnte man sie einfach »Österreicher« nennen; der Begriff war lange Zeit gebräuchliches Synonym für die Rebsorte. Nicht ohne Grund, denn es gibt Vermutungen, dass die Rebe von den Ufern der Donau aus Österreich nach Deutschland kam. In Österreich selbst ist der Silvaner heute kaum zu finden. Dagegen behauptet die Rebsorte in Deutschland ihr Terrain. Und das liegt vor allem in Franken, aber auch in der Pfalz und Rheinhessen. Aus dem Jahr 1659 ist ihr Eintreffen in Castell in Franken verbürgt und noch heute belegt sie in der fränkischen Anbaustatistik den zweiten Platz.

Einen Höhepunkt erlangte der Silvaner Anfang des 20. Jahrhunderts, als er den Elbling, damals Deutschlands meistangebaute Sorte, von Platz eins verdrängte. Zwar konnte sich der Silvaner auch nicht lange in der Spitzenposition halten, aber die wuchskräftige Rebe hat genügend Freunde unter den Winzern, die ihr bis heute die Stange halten. Etwa die Hälfte der deutschen Silvaner-Rebstöcke stehen in Rheinhessen, dem größten Anbaugebiet dieser Rebsorte auf der Welt. Außerhalb Deutschlands trifft man Silvaner vor allem in der Tschechischen Republik, in Slowenien und Ungarn an, aber auch in Südtirol und in der Schweiz, wo er die zweitmeist angebaute Sorte ist. In der Neuen Welt taucht der Silvaner – trotz des hohen Säuregehaltes – nur sehr vereinzelt auf, in Kalifornien und Australien kommt die Rebe in sehr geringem Umfang vor.

Ein Merkmal des Silvaners ist, dass er die Bodenstrukturen ideal widerspiegeln kann. Seine Aromatik ist eher eindimensional, sie weist leicht rauchige und kräutrige Noten auf und stellt die Frucht oft etwas in der Hintergrund. Fehlt es dem Wein dazu an Körper und Struktur, dann tritt die Säure sehr dominant in den Vordergrund. So gesehen hat der Silvaner keine guten Karten in der immer wieder aufflammenden Säurediskussion. Werden aber die Erträge nicht zu hoch getrieben, kann der Silvaner konzentrierte Weine mit einem eleganten Fruchtkörper und feinem Schmelz hervorbringen. Für eine jahrelange Lagerung – wie etwa der Riesling – ist der Silvaner nur bedingt geeignet. Die einfachen »Brot-und-Butter«-Silvaner sind meist für den schnellen Trinkgenuss gemacht und schmecken in den ersten beiden Jahren am besten.

Modern Life oder altbewährt?

Die Diskussion um Tradition und Moderne ist so alt wie die Weinwelt. Und sie dreht sich seit Jahrhunderten im Kreis, denn Moderne und Tradition geben sich in regelmäßigen Abständen die Staffel in die Hand: Und los geht es zu einer neuen Runde. Hat man sich gerade von vermeintlich alten Zöpfen verabschiedet und der Tradition den Rücken gekehrt, alles auf modern gesetzt, kommt die Tradition langsam wieder in Mode. Natürlich neu verpackt und aufpoliert, aber dennoch im Fundament beständig. Jahrhundertelang war das Holzfass – je nach Region in verschiedenen Größen und Maßen – das typische Behältnis für den Weinausbau.

Schon 700 Jahre vor unserer Zeitrechnung wurde Wein in Holzfässern auf dem Tigris transportiert. Ganze Handwerksberufe beschäftigten sich ausschließlich mit der Fassproduktion. Für den Wein gab es keine Alternative, entsprechend auch für die klassische Holzfass-Stilistik: Denn wird ein Wein in einem Holzfass vergoren und (oder) ausgebaut, dann wird sein Charakter und sein Geschmack durch verschiedene Eigenschaften des Holzes beeinflusst. Da geht es um Alter des Holzes, Herkunft, Größe und Alter des Fasses, Schnittart, und natürlich geht es um Reifezeiten und Jahrgangsschwankungen. Holz atmet, und damit kommt der Wein immer auch mit Sauerstoff in Kontakt.

Die oxidative Ausbauweise ist immer auch mit dem Verlust von Aromen verbunden. Was im Keller wunderbar nach Früchten riecht, geht dem Wein als Aroma-Substanz verloren.
Noch heute bauen viele Winzer ihre Silvaner im großen Holzfass aus, denn der etwas rustikale Stil passt zum Charakter der Rebsorte. Tradition.

Die moderne Silvaner-Stilistik der letzten Jahre setzte dagegen auf Edelstahl. Sauber poliert stehen die Edelstahlbehälter im alten Gewölbekeller und blitzen im Silberschimmer um die Wette, als wollten sie der Tradition heimleuchten. Ihr Vorteil: Sie sind einfach sauber zu halten, besser und genauer zu kühlen und garantieren den völligen Abschluss gegenüber Sauerstoff. Alles, was an Aromen einmal in den Behälter hineinkommt, bleibt auch drin. Die Weine aus dem Edelstahl sind dementsprechend feinfruchtiger, fragiler und auf den ersten Schluck leichtfüßiger und eleganter. Moderne Stilistik: reintönig und klar, manchmal etwas vordergründig, ohne Ecken und Kanten, ein wenig charakterlos, aber frisch und spritzig.

Mittlerweile kann man bei vielen Winzern von einer Rückbesinnung und von einer neuen Offenheit gegenüber dem Silvaner sprechen. Silvaner ist eben nicht mehr die neutrale Rebsorte, als die sie fälschlicherweise immer bezeichnet wird. Sie ist facettenreich und vielschichtig und damit durchaus in der Lage, ein bodenständiges Pendant und eine schmackhafte Alternative zu Weiß- und Grauburgunder zu bilden. Deshalb verlangt der Silvaner im Zweifelsfall durchaus nach beiden Methoden – sowohl der Tradition als auch der Moderne! Das Holzfass, eine lange Hefelage und entsprechende Zeit in der Entwicklung können einem Silvaner mit entsprechendem Potenzial eine herrliche Tiefe, eine gute Struktur und einen feinen Schmelz mit auf den Weg geben. Im Idealfall vergleichbar mit einem rauchigen, saftigen Grünen Veltliner, der gut zum Essen kombiniert werden kann. Silvaner, kühl im Stahl vergoren und entsprechend ausgebaut, können allerdings ungeahnt vielschichtige Fruchtaromen zu Tage bringen. Experimentierfreudige Winzer nutzen deshalb die Potenziale beider Ausbautechniken und bringen das Endergebnis des reduktiven und oxidativen Ausbaus in Form einer feinfühligen Cuvée auf die Flasche.

Als typisches Silvaner-Anbaugebiet hat Franken in den letzten Jahren sicherlich den größten Sprung gemacht. Die Franken haben das Potenzial ihrer Hauptrebsorte erkannt und die Qualitätsbestrebungen unermüdlich nach vorne getrieben – sowohl im »Brot-und-Butter«-Bereich als auch in der Spitzenqualität.

Echtes Leipziger Allerlei mit Flusskrebsen

100 g Möhren
100 g weißer Spargel
100 g grüner Spargel
100 g Zuckerschoten
100 g Lauchzwiebeln
100 g frische Morcheln

1 Bund Dill
1 Möhre, 100 g Knollensellerie
1 Stange Lauch
1 l Wasser
1 TL Kümmel, Salz
16 frische Flusskrebse

Sauce
50 g Schalottenwürfel
20 g Butter
100 ml Sahne
30 ml Weißwein
30 g Crème fraîche

Gemüse sauber putzen und in mundgerechte Stücke teilen. Die Morcheln der Länge nach vierteln, danach alle Gemüse einzeln blanchieren. Dill und Suppengrün (vom Lauch nur das Weiße) klein schneiden und in einem Liter Wasser aufkochen. Vorsichtig mit Salz und Kümmel abschmecken, die Flusskrebse dazugeben und 2 bis 3 Minuten kochen lassen. Die gekochten Krebse mit einer Schaumkelle herausholen und vorsichtig auspulen. Die Schalottenwürfel kurz in Butter anschwitzen, mit Weißwein ablöschen, Sahne zugießen und reduzieren. Crème fraîche und das blanchierte Gemüse zugeben, abschmecken. Die Morcheln erst kurz vor dem Servieren unter die Flusskrebse und das Gemüse heben.

Tipp: Dieses Gericht kann man als Beilage zu gebratenem Kalbfleisch servieren oder auch als einzelne Mahlzeit genießen.

Der passende Wein zum Leipziger Allerlei

2003 Silvaner Centgrafenberg
Spätlese trocken
Weingut Rudolf Fürst
Bürgstadt, Franken

Es gibt nur einen Fürst. Jedenfalls in Franken. Und der heißt Paul. Was Paul Fürst gemeinsam mit seiner Frau Monika in den letzten Jahren geleistet hat, ist bewundernswert. Leise und bescheiden hat sich das Weingut an die Spitze gesetzt, nicht nur in Franken. Denn Pauls Weine gehören – weiß wie rot – zu den besten, die Deutschland zu bieten hat. Neben dem Können von Paul Fürst liegt das Geheimnis sicherlich in den steinigen Böden des Centgrafenbergs. Aus dieser Toplage mit ihrer Lehmauflage kommen die Fürst'schen Meisterwerke.

Bei Spät- und Frühburgunder triumphiert eine wirklich gekonnte burgundische Stilistik, seine fränkischen Rieslinge brauchen sich nicht hinter den Gewächsen der großen, traditionsreichen Riesling-Regionen zu verstecken. Und natürlich die Silvaner. Außergewöhnliche Exemplare, wie die 2003er Spätlese. Denn Paul Fürst sieht seine Silvaner grundsätzlich nicht im oberen Bereich. Die Oberklasse soll der Riesling besetzen. Aber 2003 wurde es ohne Probleme eine Spätlese. Der Wein riecht mineralisch, dazu eine Idee rauchig, lässt klare Aromen von gelben Früchten, Birnen und Blüten in die Nase steigen. Der kräftige Wein zeigt in einer präzisen Geradlinigkeit klar und deutlich seine mineralische Struktur. Eigentlich ist dieser Silvaner, auf Buntsandstein gewachsen, ein sehr puristischer Wein, der sehr viel mit Riesling gemein hat, weil er eben nicht die typisch cremigen Nuancen des Silvaners bietet. Und das passt. Denn das Leipziger Allerlei ist perfekt auf einen frischen, mineralischen, jungen, eher puristischen Silvaner ausgelegt. Die vegetativen Noten des Gemüses bieten Balance, und die Sauce – vom Fettgehalt eher leicht gehalten – untermalt die Aromen des Gemüses, der Morcheln und der frischen Flusskrebse. Genauso verhält sich der Silvaner aus dem Centgrafenberg. Er begleitet im wahrsten Sinne des Wortes das Gericht optimal. Die Mineralität wird durch das Gemüse noch ein wenig unterstrichen, der Wein wirkt elegant, und am Ende kommen Schmelz und Frucht hervor und bilden eine wunderbare Länge.

Kalbskotelett mit Schwarzwurzeln und Steinpilzen

4 Kalbskoteletts à 170 g

(wir verwenden dafür Fleisch vom

Thönes Natur-Verbund, da es die von

uns gewünschte Qualität hat)

Salz, Pfeffer

Öl zum Braten

1 Zweig frischer Thymian

1 Zweig frischer Rosmarin

20 g Butter

Die Koteletts mit Salz und Pfeffer würzen, in heißem Öl unter Zugabe von Thymian und Rosmarin beidseitig gut anbraten. Danach das Fleisch auf ein Ofengitter legen und zirka 5 Minuten bei 180 °C im Ofen garen. Anschließend aus dem Rohr nehmen, einige Minuten an einem warmen Ort ruhen lassen und dann noch einmal in Butter nachbraten.

6 frische Schwarzwurzeln

Saft von 1 Zitrone

20 g kalte Butter, 20 ml Sahne

Salz, Pfeffer, Muskat, Schnittlauch

Die Schwarzwurzeln unter fließendem Wasser abbürsten und schälen. Damit sie nicht braun werden, kurz in Zitronenwasser legen. Die sauberen Schwarzwurzeln klein schneiden, blanchieren und abschrecken. Anschließend in brauner Butter kurz durchschwenken und in eine vorgewärmte Schüssel geben. Die verbliebene braune Butter jetzt mit Sahne auffüllen und langsam reduzieren. Mit kalter Butter montieren und würzen. Die Schwarzwurzeln gemeinsam mit dem geschnittenen Schnittlauch hinzugeben und kurz anschwenken.

7 frische Steinpilze

Öl zum Braten

Schalottenwürfel

Salz , Pfeffer, Muskat

Die Steinpilze sauber putzen und in Scheiben schneiden. In einer Pfanne Öl erhitzen, die Steinpilze anbraten und Schalottenwürfel hinzugeben. Beides gut verrühren und mit Salz, Pfeffer und etwas Muskat abschmecken.

100 ml Kalbsjus

20 g kalte Butter

frische Kräuter zum Garnieren

Die Jus aufkochen und die kalte Butter unterschlagen. Alles auf einem Teller mit der Jus und frischen Kräutern anrichten.

Der passende Wein zum Kalbskotelett

2001 »Asphodill«
Homburger Kallmuth
Silvaner Spätlese trocken
Weingut Fürst Löwenstein
Kreutzwertheim, Franken

Auch ein Fürst, aber auf seine Weise. Hier kann man auf jahrhundertealte Substanz zurückgreifen, und das nicht nur bei den Schlossgebäuden. Denn Fürst Löwenstein hat seine besten Weinberge im Homburger Kallmuth – seit 1872 im Alleinbesitz des Fürstenhauses. Das imposante Naturdenkmal mit seinen über zwölf Kilometer langen Natursteinmauern ist klimatisch und geologisch einzigartig: Der hohlförmig gewölbte Steilhang fängt die Sonne ein, die Mauern der Terrassenlagen werden zum Wärmespeicher, und der Main sorgt für stete Luftfeuchtigkeit. Der Kallmuth ist bei 85 Prozent Hangneigung eine weinbauliche Herausforderung. Die Reben sind über 40 Jahre alt und stehen auf Buntsandstein und treffen in einer Tiefe von 40 Meter auf Muschelkalk. Perfekt. Und kein Wunder, dass der Rebhang schon vor 900 Jahren erstmals urkundlich erwähnt wurde.

Seit rund 20 Jahren steht die mittelalterliche Terrassenanlage unter Denkmalschutz. Eine wirklich sehenswerte Weinlage! Und die Heimat der trockenen Silvaner Spätlese. Für Robert Haller, den engagierten Betriebsleiter und Kellermeister, ist der Silvaner genau die Rebsorte, die die Bodenaromen am deutlichsten wiedergibt, weil sie – im Gegensatz zum Riesling – selbst wenig primäres Eigenaroma besitzt.

Die Prägnanz solcher Lagen wie der Kallmuth muss im Wein herausgearbeitet werden. Und genau das ist trefflich gelungen. Für mich ist dieser Asphodill aus dem Kallmuth das Beste, was Deutschland derzeit an Silvaner zu bieten hat!
An dem wunderschönen satten Gelb mit den goldenen Reflexen lässt sich leicht erkennen, dass der Wein schon eine gewisse Reife mitbringt. Die Nase kann das bestätigen: Herrlich saftige Aromen machen Lust auf diesen extrakt- und körperreichen Wein. Am Gaumen offenbaren sich noch ganz andere Düfte: gereifter Apfel, etwas Quitte, Kräuter, Feuerstein, ein wenig Honig, Haselnüsse. Alles verbunden und zusammengehalten von einem angenehmen Schmelz.
Geht das zusammen mit unserem Thönes-Kalbskotelett und den Schwarzwurzeln? Es geht! Denn die Harmonie garantieren in diesem Fall die gereiften, würzigen und kräftigen Aromen. Wer genau schmeckt, erkennt vielleicht die Ähnlichkeit mit dem Schmelz eines Veltliner Smaragd. Ein solcher monumentaler Silvaner braucht einfach einige Jahre, um sich von seiner besten Seite zu präsentieren. Jetzt ist er in der idealen Verfassung, um es mit dem Kalbskotelett aufzunehmen, denn mit seinen reifen Noten kann er sich perfekt auf die feinen Röstaromen des gebratenen Fleisches einstellen. Eine Parallele erreicht man außerdem durch den Einsatz der gebratenen Steinpilze und der Schwarzwurzeln in Rahm.

WEISSBURGUNDER

Birne, Ananas, Weingummi, Banane, Zitrus

Weißburgunder heißt in seiner Heimatsprache Pinot blanc. Klingt etwas vornehmer, französisch eben. Aber keine Angst – dahinter verbirgt sich die gleiche Rebsorte. Und die ist, seit ihrer Entdeckung gegen Ende des 19. Jahrhunderts im Burgund, weltweit populär und entsprechend weit verbreitet. Bis dahin war sie gänzlich unbekannt und das hat einen einfachen Grund. Pinot blanc ist eine weiße Mutation des Pinot gris, der wiederum eine hellere Version des Pinot noir ist. So bleibt alles beisammen, die Familie der Burgunder stellt ohnehin die berühmtesten Sprosse unter den Rebsorten. Lange Zeit wurde zwischen Pinot blanc und Chardonnay nicht unterschieden, da sich die beiden Sorten zum Verwechseln ähnlich sehen.

Verbreitet ist der Pinot blanc vor allem in Mitteleuropa, das französische Anbauzentrum liegt im Elsass. Hier hat er allerdings einiges an Image eingebüßt und liegt mit seiner Anbaufläche hinter Riesling, Gewürztraminer und Silvaner. Dagegen genießt der Pinot blanc als Weißburgunder oder Weißer Burgunder in Deutschland einen deutlich besseren Ruf, was wahrscheinlich auf die Ähnlichkeit mit Chardonnay zurückzuführen ist. Warum auch immer, der Weißburgunder zählt in Deutschland mittlerweile zu den großen und etablierten Rebsorten, und viele Winzer – vor allem in der Pfalz und in Baden – schätzen seine Fähigkeiten. Auch in Österreich ist Weißburgunder ein großes Thema und wird in allen Weinregionen angebaut. In Italien erfreut sich die Sorte unter dem Namen Pinot bianco großer Beliebtheit, in Osteuropa ist er unter dem Namen Beli Pinot bekannt. Die Neue Welt ist dagegen skeptisch und zurückhaltend. Natürlich dominiert hier der große Bruder Chardonnay und lässt nur wenig Platz für den Pinot blanc. Aber in Kalifornien gibt es dennoch einige kleine Weinberge, die mit Pinot blanc bestockt sind.

Dabei hat der Pinot blanc oder Weißburgunder geschmacklich einiges zu bieten. Zwar fehlt ein deutlich hervortretendes Aroma, dafür sind die in der Regel trockenen Weine relativ körperreich und voluminös und mit einem feinen Schmelz ausgestattet. Weißburgunder eignet sich sowohl zum Ausbau im Edelstahl als auch für Barrique-Einsatz. Die Entscheidung des Winzers beruht auf dem Geschmackstypus, den der Wein später zeigen soll, aber vor allem auf der Traubenqualität. Es ist völlig unmöglich, einen einfachen, zarten Weißburgunder ins Barrique zu legen. Das Holz würde den Wein regelrecht »fressen«. Die höchste Form seiner Wein-Werdung erfährt der Weißburgunder in Österreich, als gehaltvolle edelsüße Trockenbeerenauslese. Ein echter Kracher, im doppelten Sinne des Wortes.

Zucht und Ordnung

Was der Pinot blanc oder Weißburgunder im übertragenen Sinn selbst in die Hand genommen hat, haben bereits Generationen von Wissenschaftlern mehr oder weniger erfolgreich ausprobiert: das Klonen, Züchten und Kreuzen von Rebsorten.

Stellt man sich die Natur wie eine Gesellschaft vor, dann gehört die Weinrebe – im Wesentlichen eine Kletterrebe – zum Clan der Ampelidaceae. Zu dieser Großfamilie gehört auch die Gattung Vitis, die wiederum aus mehreren Arten oder Spezies besteht. Eine dieser Arten – die Vitis vinifera – ist besonders interessant, weil aus ihr 99 Prozent aller Weine produziert werden. Ihre Ursprünge liegen bis heute im Dunkel. Vermutlich hat sich die Vitis vinifera aus wilden Weinreben entwickelt, die – man höre und staune – in Zentralasien heimisch waren. Sie ist sozusagen die Urmutter oder der Urvater tausender von Traubensorten, von denen die meisten ohne wirtschaftliche Bedeutung sind oder nur eine begrenzte lokale Bedeutung besitzen. Solche Rebsorten, die nur in einem bestimmten Gebiet vorkommen, nennt man autochthone Sorten. Das Wort stammt aus der griechischen Sprache und bedeutet eingeboren, bodenständig, alteingesessen.

Wie am Beispiel des Weißburgunders gesehen, mutieren manche Rebsorten. Vor allem Reben mit dunklen Beeren haben sich im Lauf der Geschichte als besonders anfällig für Mutationen erwiesen. Sie degenerieren auf eine Weise, dass aus ihnen ähnliche Rebsorten, jedoch mit anderen Eigenschaften, entstehen. Dabei verändert sich vor allem die Farbe der Beerenhaut. Deswegen unterscheiden die Franzosen einen Sortenstamm wie Pinot in verschiedene Farben: noir, gris, blanc et cetera.

Natürlich kann man Rebsorten – wie jede andere Pflanze – züchten und kreuzen. Gerade Deutschland hat sich in den vergangenen Jahrzehnten mit Neuzüchtungen hervorgetan, auch wenn viele – und man darf sagen: Gott sei Dank – wieder in der Bedeutungslosigkeit verschwunden sind. Kreuzungen sind die Kombination zweier Sorten innerhalb ein- und derselben Art. Die bekanntesten deutschen Kreuzungen sind der Müller-Thurgau und die Scheurebe.

In jüngster Zeit konzentriert sich die Wissenschaft verstärkt auf die Klonen-Selektion. Das klingt in der aktuellen Diskussion um gentechnisch veränderte Lebensmittel etwas martialisch, ist aber nichts anderes als eine Variante zur Qualitätsverbesserung des Rebgutes. Dabei geht es nur darum, erwünschte Eigenschaften von einzelnen, besonders hochwertigen Exemplaren einer Rebsorte zu multiplizieren. Was erwünscht ist, unterliegt wie im richtigen Leben vor allem dem Zeitgeist und den daraus resultierenden Wünschen und Bedürfnissen: hohe Erträge, Resistenz gegen Krankheiten oder ungünstige Witterungseinflüsse.

Auf einmal dreimal. So könnte man das kulinarische »Experiment« umschreiben. Denn die folgenden Rezepte haben immer den Zander als Basis, nur die jeweilige Zubereitungsart und die Beilagen ändern sich und damit auch die Geschmacksrichtung, die der Wein begleiten soll. Es kommt also im harmonischen Zusammenspiel Essen und Wein weniger auf das Fleisch oder den Fisch an als vielmehr auf die begleitenden Saucen oder eventuelle geschmacksintensive Beilagen.

Zander pochiert auf Gemüsesalat

Gemüsesalat
1 Bund Lauchzwiebeln
1 mittelgroße Möhre
100 g Zuckerschoten
100 g Stangenbohnen
3 Tomaten
Salz, weißer Pfeffer, Thymian

100 ml Weißwein
100 ml Wasser
Salz
1 Schalotte in feinen Streifen
4 Zanderfilets à 160 g

Vinaigrette
1 Messerspitze Senf (Monschauer Senf)
1 Schalotte
1 EL Weißweinessig, 1 TL Himbeeressig
Salz und Zucker
50 ml Öl, 50 ml Olivenöl
Petersilie, Kerbel, Schnittlauch

Lauchzwiebeln waschen, putzen und in zirka 4 Zentimeter lange Stücke schneiden. Die Möhre schälen und in Streifen schneiden, Zuckerschoten und Stangenbohnen putzen und ebenfalls in Stücke schneiden. Das Gemüse einzeln in Salzwasser bissfest garen, anschließend abtropfen lassen. Die Tomaten mit einem scharfen Messer kreuzweise einschneiden, blanchieren, danach häuten, vierteln, entkernen und in Streifen schneiden. Das gut abgetropfte Gemüse in einer Schüssel mischen.

Aus Wein, Wasser, Salz und Schalotten einen Fond für den Fisch zubereiten. Die Zanderfilets leicht würzen, in den heißen Fond geben und mit der Hautseite nach oben knapp bedeckt zirka 5 Minuten ziehen lassen.

Senf und die gewürfelte Schalotte mit den beiden Essigsorten, Salz und Zucker vermischen, danach unter langsamem Rühren das Öl und Olivenöl hinzugeben. Die Kräuter erst kurz vor dem Servieren klein hacken und in die Vinaigrette geben. Die Vinaigrette gleichmäßig über den Gemüsesalat verteilen. Unmittelbar nach dem Zubereiten die Fischfilets mit der Hautseite nach oben auf dem Salat servieren. Mit Kerbel garnieren.

Experiment Nr. 1

Der passende Wein zum pochierten Zander

2002 Weißburgunder Qualitätswein trocken
Kindenheimer Grafenstück
Ludi Neiss
Kindenheim, Pfalz

Die Pfalz hat – wie kaum eine andere deutsche Weinregion – viele junge Talente. Axel Neiss ist eines von ihnen. Zwar nehmen die roten Sorten rund die Hälfte der 12 Hektar Rebfläche ein, doch der Weißburgunder ist das Flaggschiff von Neiss. Die Kraft und Power holen sich die Reben in der Lage Kindenheimer Grafenstück aus den von Kalkstein durchzogenen Lehmböden. So auch der 2002er trockene Qualitätswein. Im ersten Moment realisiert die Nase zwar leicht rauchige Noten, aber dann bricht die Frische durch: Aromen von gelben Früchten – vor allem Birne – steigen sehr angenehm in die Nase. Das macht richtig Lust auf den ersten Schluck! Und der ist alles andere als enttäuschend. Am Gaumen macht sich ein feiner Schmelz breit, gradlinig und ohne Holzeinfluss. Die anregende, sehr gut eingebundene Säure gibt dem Wein ausreichend Rückgrat und garantiert einen langen Nachhall. Unkompliziert und trotzdem anspruchsvoll, ein hochwertiger »Brot-und-Butter-Wein« im oberen Qualitätsfeld für alle Tage. Aber nicht für alle Gerichte. Denn in seiner frischen Art würde dieser Weißburgunder sicherlich Schwierigkeiten mit sahnigen, fettreichen Saucen bekommen. Das knackige Gemüse mit der Kräutervinaigrette und der fast fettlose Zander sind deshalb die bessere Kombination zu diesem frischen, saftigen Weißburgunder.

Zander gebraten mit Flusskrebssauce

4 Zanderfilets à 160 g
Salz und weißer Pfeffer
Mehl
Öl zum Braten
1 frischer Zweig Thymian
20 g Butter

Basilikumnudeln
70 g Eigelb, 1 Ei
2 EL Olivenöl
1 Prise Salz
1 Bund Basilikum
125 g Mehl
35 g Grieß

Flusskrebssauce
200 ml Fischfond
80 g kalte Krebsbutter
1 Prise Salz, Zitronensaft
2 EL geschlagene Sahne
1 gekochter Flusskrebs
1 frischer Zweig Thymian

Zanderfilets würzen und auf einem flachen Teller in Mehl wenden. Öl in einer Pfanne erhitzen und den Thymianzweig hinzugeben. Darin die Filets zuerst auf der Hautseite goldgelb anbraten und anschließend auf einem Ofengitter zirka 3 Minuten bei 160 °C im Ofen garen. Herausnehmen und in Butter nachbraten.

Für die Nudeln Eigelb, Ei, Öl, Salz und Basilikum im Mixer pürieren, durch ein Sieb passieren und Mehl und Grieß hinzugeben. Die Masse gut durchkneten, bis sich der Teig vom Boden löst. Nach zirka 20 Minuten Ruhezeit den Teig in die gewünschte Form schneiden (in diesem Fall Tagliatelle) und die Nudeln in Salzwasser bissfest kochen.

Den erhitzten Fischfond mit der kalten Krebsbutter aufschlagen, mit einer Prise Salz und etwas Zitronensaft abschmecken. Kurz vor dem Servieren die geschlagene Sahne unterheben.

Die Basilikumnudeln mit einem Flusskrebs und einem Thymianzweig garnieren.

Tipp: Es schmeckt viel besser, wenn man die Krebssauce unter die Basilikumnudeln hebt.

Experiment Nr. 2

Der passende Wein zum gebratenen Zander

2002 Mandelberg
Weißburgunder Großes Gewächs
Weingut Dr. Wehrheim
Birkweiler, Pfalz

Die Südpfalz ist geradezu ein Hort bester Wein-Qualitäten und für mich immer wieder ein Mekka, wenn es um charaktervolle, aromenreiche Weißburgunder geht. Ein Grund, warum ich immer wieder gerne zu Karl-Heinz Wehrheim in das gastliche Weingut nach Birkweiler pilgere. Natürlich bringt Wehrheim auch fantastische Rieslinge auf die Flasche. Aber diese sensationellen cremigen Weißburgunder, die einen Schmelz zum Dahinschmelzen mitbringen, sind immer wieder eine Extraklasse. Taucht die Nase ins Glas, empfindet sie als Erstes feine, sehr feine rauchige Noten in einem noch etwas verschlossenen Wein. Dahinter öffnet sich quasi ein Reservoir an sehr tiefgründigen Fruchtaromen. Birne ganz deutlich, aber auch Apfel ist riechbar. Und wenn man Schmelz tatsächlich riechen kann, dann hier. Vielleicht ist es aber auch einfach nur die Vorfreude auf den ersten Schluck. Denn der zeigt Vielschichtigkeit und Potenzial: eine ideal eingebundene und tragende Säure, dazu diese herrliche Cremigkeit und einen saftigen Schmelz mit ungeheurer Tiefe und Balance. Eine echte fette Schnecke, kräftig und ausdrucksstark, völlig ohne Barrique-Einsatz, und mit einem wunderbaren, endlosen Abgang. Man hat wirklich lange von diesem Wein. Klasse. Einer der besten Weißburgunder Deutschlands!

Dazu einen Zander. Aber angebraten – goldbraun – und mit der kräftigen, cremigen, leicht nach Karamell schmeckenden Krebssauce und Basilikumnudeln. Dieses Gericht ist der ideale Partner für diesen mächtigen, extraktreichen und trotzdem vielschichtigen Weißburgunder. Sowohl Röstaromen als auch der Fettgehalt der Sauce sind in diesem Fall wichtig, um die Brücke zum Wein zu schlagen. Eine gelungene Kombination, bei der Wein und Speise ihre Eigenart behalten und trotzdem ein ideales Paar bilden.

Zander mit Speck umwickelt auf Linsengemüse

Zanderfilets mit jeweils 2 dünnen Speckscheiben umwickeln, mit etwas Thymian belegen und in heißem Öl auf der Hautseite zuerst scharf anbraten. Die Filets auf einem Ofengitter zirka 3 Minuten bei 160 °C im Ofen garen. Danach die Filets in Butter goldgelb nachbraten.

Die grünen Linsen am Abend vorher in Wasser einweichen. Schalotten in kleine Würfel schneiden und in Öl kurz anschwitzen. Jetzt die abgetropften Linsen hinzugeben, mit Essig ablöschen und mit der Brühe auffüllen. Die Linsen zusammen mit den Kräutern gar kochen, das Ganze mit Salz, Pfeffer und etwas Zucker abschmecken. Danach die kalte Butter in kleinen Flöckchen unterheben. Kurz vor dem Servieren gehackte Blattpetersilie hinzugeben.

Für die Sauce zunächst die Schalottenwürfel in Butter anschwitzen und mit dem Weißburgunder auffüllen. Den Fischfond zugießen und um ein Drittel reduzieren. Mit Sahne auffüllen, aufkochen lassen und danach mit kalter Butter aufschlagen. Würzen und abschmecken.

4 Zanderfilets à 160 g

8 Speckscheiben

1 frischer Zweig Thymian

Öl zum Braten, 20 g Butter

Linsengemüse

150 g grüne Linsen (aus Puy)

50 g rote Linsen

2 Schalotten

Öl zum Braten

4 EL Champagner-Essig

400 ml Gemüsebrühe

1 Lorbeerblatt

1 Zweig Thymian, 1 Zweig Rosmarin

Salz und Pfeffer

10 g Zucker

20 g kalte Butter

3 Stengel Blattpetersilie

Weißburgundersauce

2 Schalotten

50 g Butter

200 ml Weißburgunder

100 ml Fischfond

100 ml Sahne, 50 g kalte Butter

Salz

Experiment Nr. 3

Der passende Wein zum Zander mit Speck

2001 Weißer Burgunder »S«
Bernhard Huber
Malterdingen, Baden

Rotweinwinzer in Deutschland zu sein ist schon nicht einfach. Die klimatischen Verhältnisse sind nicht in jedem Jahr optimal, zudem wird man allzuoft an den großen Gewächsen aus Burgund und/oder Bordeaux gemessen. Das gilt natürlich auch für den Einsatz mit dem kleinen Eichenholzfass. Was man mit Barriques alles anrichten kann, schlägt oft genug dem Fass den Boden aus. Aber Bernhard Huber ist eindeutig einer der größten Barrique-Spezialisten Deutschlands. Ein Winzer mit Fingerspitzengefühl für Holz und große Weine. Seine Weine zählen zur absoluten Spitze, sowohl die Spätburgunder wie auch Chardonnay und Weißburgunder. Huber ist neugierig, experimentiert, probiert aus und orientiert sich an der burgundischen Weinidee. Sein Weißburgunder hat es in sich, auch wenn er sich im ersten Eindruck etwas eckig und kantig präsentiert. Dann aber zeigen sich leicht buttrige Noten, feine Blüten-Aromen, Birne, ein Touch Grapefruit und eine leichte, aber keineswegs unangenehme Bitternote. Der Holzeinfluss ist deutlich spürbar – weniger in Vanille-Noten, sondern eher etwas ruppig und kantig. Auf den ersten Schluck sicherlich kein Schmeichler. Der Trinkspaß offenbart sich erst beim zweiten und dritten Schluck. Dann nämlich erkennt man die Tiefe und Cremigkeit des Weines, gleichzeitig auch das massive, gut eingebundene Holzgerüst.

Was macht man mit einem solchen Wein? Vielleicht nicht unbedingt am Sonntag auf der Terrasse servieren. Hier muss Essen her! Jetzt ist ein Gericht gefragt, das in der Lage ist, eine Brücke zum Wein zu schlagen. Zum Beispiel das leicht erdige Linsengemüse, das etwas nach Thymian und Rosmarin vorschmeckt. Zusätzlich bietet der kross angebratene Speck genügend geschmackliche »Angriffsfläche« für den kompakten Barrique-Wein. Schulterschluss. Sämtliche Unebenheit und Bitterkeit sind nun im Wein verschwunden. Ein Lehrbeispiel dafür, dass ein Gericht dem Wein dienlich sein kann, ohne sich dabei selbst zu verändern. Den letzten Kick für diese Verbindung liefert die cremige Weißburgundersauce, die mit Butter und Sahne mehr als reichlich ausgestattet ist. Solche Saucen sind die idealen Partner für cremige Barrique-Weine, weil sie mit ihrer Reichhaltigkeit und ihrem Volumen den Wein perfekt begleiten.

GRAUBURGUNDER

Melone, Butter, Quitte, Haselnuß, Honig, Banane, Karamell

Grau mag alle Theorie sein, der Grauburgunder jedenfalls zählt in der Winzer-Praxis zu den beliebtesten Sorten: Seine Weine sind meist von einer würzigen Art, charaktervoll und bringen mehr Substanz und Farbtiefe hervor, als es sonst bei Weißweinen üblich ist. Wie sein hellhäutiger Bruder ist auch der Grauburgunder oder Pinot gris eine Mutation des Pinot noir. Schon die Beerenhaut verrät den Hintergrund seines Namens: Die Trauben schimmern in nahezu allen Schattierungen von graubläulich bis fast ins Rötliche. Der Farbkompromiss ist grau. Gegen Ende der Reifezeit kann man Grauburgunder schon mal mit Pinot noir verwechseln, dann gleichen sich die Beeren in Größe und Farbe. Früher standen – gewollt oder ungewollt – selbst in den berühmten Weinbergen im Burgund immer wieder Pinot-gris-Rebstöcke zwischen den Pinot-noir-Beständen.

Seine französische Heimat – neben einigen kleinen Beständen an der Loire – hat der Pinot gris im Elsass. Man hat ihn nicht abgeschoben oder verbannt, obwohl er dort unter anderem Namen lebt. Nein, aber merkwürdigerweise ist der Pinot gris im Elsass tatsächlich als Tokay bekannt, genießt ein hohes Ansehen und bringt tatsächlich respektable, gehaltvolle, meist trocken ausgebaute Weine hervor. Mit der Bezeichnung Tokay d'Alsace für den aus Pinot gris gekelterten Weißwein wird es allerdings bald vorbei sein. Die Verwechslungsgefahr mit dem mindestens so berühmten ungarischen Wein Tokaji – auch Tokajer geschrieben –, der jedoch aus der Rebsorte Furmint gekeltert wird, veranlasste die EU-Weingesetzgebung, der Namensähnlichkeit ein Ende zu setzten. Den Elsässer Winzern wird nach einer Übergangsfrist der Gebrauch des Namens untersagt. In Deutschland ist die Anbaufläche des Grauburgunders größer als im Elsass, auch in Österreich ist die Rebsorte weit verbreitet. In der Neuen Welt hat der Grauburgunder noch nicht richtig Fuß gefasst, aber er ist auf dem Weg nach oben. Wenn auch sehr langsam. Vor allem in Kalifornien hat die Rebfläche mit Pinot gris in den letzten Jahren deutlich zugenommen. Kleine Bestände finden sich in Neuseeland und Australien.

Der Name des Pinot gris

Das Kind beim Namen nennen? Aber bei welchem? Im Elsass nennt man ihn noch Tokay, obwohl er mit dem bekannten ungarischen Wein nichts zu tun hat. In Deutschland ist er unter dem Namen Ruländer bekannt, aber auch diese Bezeichnung verschwindet nach und nach aus der Sprache der Winzer und Verbraucher. Den Namen hat der Grauburgunder dem Wein-Kaufmann Johann Seger Ruland zu verdanken, der zu Beginn des 18. Jahrhunderts die Rebsorte vor allem in der Pfalz verbreitete. Was damals in den Weinbergen gepflanzt wurde, waren die Rebstöcke des Herrn Ruland, eben die Ruländer. Erst Mitte der 1980er Jahre fingen einige Winzer damit an, ihre trockenen Grauburgunder-Weine auch als solche zu bezeichnen, um sich von den wenig eleganten, eher breiten und süßlich ausgebauten Ruländern zu unterscheiden. Mit der »Trockenwelle«, die Anfang der 1980er Jahre begann, gewann die trockene Grauburgunder-Stilistik immer mehr an Bedeutung. Vor allem in Baden, wo heute über die Hälfte der deutschen Grauburgunder-Anbaufläche steht, etablierte sich die Rebsorte zu einer Stütze des heimischen Weinbaus. Aber auch in Rheinhessen und in der Pfalz ist der Grauburgunder anzutreffen.

Aber damit ist die namentliche Karriere des Grauburgunders noch nicht zu Ende. Im Gegenteil. Denn die italienische Bezeichnung für den Pinot gris ist Pinot grigio, und die so genannten Weine – meist aus dem Nordosten Italien und dem Friaul – erlebten gerade in Deutschland einen kometenhaften Aufstieg. Zwar interessierten sich einige wenige Kenner für den badischen oder Pfälzer Grauburgunder, aber Pinot grigio war in aller Munde. In jeder Qualität. Bitte keinen Grauburgunder, lieber einen Pinot grigio. Eine Flut von ausdruckslosen trockenen Weißweinen ohne erkennbares Aroma überschwemmte das Land und machte selbst vor der gehobenen Gastronomie nicht Halt. Der fast geschmacklose Vorgeschmack auf die darauf folgende Prosecco-Ära. Dabei gibt es im eigenen Land herrliche Grauburgunder, denen die meisten Pinots grigios nicht einmal ansatzweise das Wasser reichen können.

Sülze vom Sauerbraten

8 Blatt Gelatine
½ l Sauerbratenfond
200 g fertig gegarter Sauerbraten
50 g grüne Bohnen
gelber Friséesalat
Kerbel als Garnitur

Trüffelvinaigrette
Salz und Pfeffer
1 EL Balsamico-Essig
1 Prise Zucker
4 EL Sonnenblumenöl
1 EL Trüffelöl
10 g frische Trüffel

Marinierte Backpflaumen
2 cl Madeira
1 cl Pflaumenschnaps
50 g Backpflaumen

Bitte Sülze und Pflaumen einen Tag vor Verzehr zubereiten.
Gelatine in kaltem Wasser einweichen, gleichzeitig den Fond erwärmen. Den Sauerbraten in gleichmäßige Würfel schneiden, die Bohnen dritteln und blanchieren. Die ausgedrückte Gelatine in den warmen Fond einrühren und die Mischung langsam in die Form gießen, bis der Boden bedeckt ist. Die Form kalt stellen, bis der so genannte Sauerbratenspiegel eine feste Konsistenz annimmt. Jetzt das Fleisch und die Bohnen gut vermischen und den restlichen, noch flüssigen Sauerbratenfond dazugeben. Die so gewonnene Masse in die Form füllen, glatt streichen und mindestens sechs Stunden kalt stellen.

Für die Trüffelvinaigrette Salz und Pfeffer im Essig mit einer Prise Zucker einmal aufkochen, danach langsam die Öle hinzugeben und rühren. Die sehr klein gehackte Trüffel dazugeben und genau abschmecken.

Für die Pflaumen Madeira und Pflaumenschnaps aufkochen. Anschließend die Pflaumen hinzugeben und im Sud erkalten lassen. Die Pflaumen müssen mindestens 24 Stunden in diesem Sud ziehen.

Zum Anrichten die Sülze aus der Form nehmen und in 2 cm dicke Scheiben schneiden. Mit Frisèesalat auf Tellern anrichten und vorsichtig mit der Vinaigrette beträufeln. Mit Kerbel garnieren.

Der passende Wein zur Sauerbratensülze

2002 Grauburgunder Spätlese trocken
Ihringer Winklerberg
Weingut Dr. Heger
Ihringen, Baden

Joachim Heger ist die Ruhe selbst. Und er hat einen guten Geschmack. Das personifizierte Baden. In der Ruhe liegt die Kraft, heißt denn auch die Devise des sympathischen Winzers, der mit seinen Spitzenweinen nicht nur als badisches Aushängeschild bekannt ist. Und Kraft bringen Hegers Weine allemal mit. Vor allem, wenn sie aus dem Ihringer Winklerberg kommen. Sein Großvater, seines Zeichens Landarzt, hat hier mit Weitsicht und dem richtigen Händchen für gute Lagen den Grundstein für den Erfolg des Weingutes gelegt. Denn die Sonne knallt im Winklerberg mit subtropischer Wucht auf Basaltverwitterungsgestein, kalte Nord- und Ostwinde werden durch die Höhe des Gebirgsstocks selbst abgehalten. Teuflisch heiß und teuflisch gut. Einer meiner Lieblingsweine von Joachim Heger ist die 2002 Grauburgunder Spätlese. Natürlich trocken und natürlich aus dem Ihringer Winklerberg. Erst einmal riecht der Wein wenig nach Frucht. Dafür strömen Kraft und Fülle in die Nase, begleitet von einer rauchigen, leicht staubigen Note. Am Gaumen wird es dann kräftiger, der voluminöse Schmelz macht sich breit. Aber auf elegante Art und Weise. Dazwischen immer wieder leicht fruchtige und würzige Noten. Der Wein schreit geradezu nach einem Gericht, das er begleiten darf. Aber wer ist ihm gewachsen?

Eine Sauerbratensülze mit deutlicher Säure, marinierten Backpflaumen mit deutlicher Süße und dann auch noch Trüffel mit deutlich überdeckendem erdigem Aroma? Es klappt, auch hier ein erstaunliches Gesamtergebnis: Der Wein als Solist erscheint fast zu kräftig und würzig. Aber gemeinsam mit dem Gericht entwickelt er Eleganz und feine Fruchtigkeit. Zwar bleibt er ein charakterstarker, eigenständiger Partner. Er verändert sich eher positiv mit der Speise, während er das Essen keineswegs dominant beeinflusst. Alle Aromen bilden plötzlich eine wunderbare Einheit, die sich gegenseitig ergänzen und nebenbei noch Spaß und Genuss bereiten.

Gebratene Gänsestopfleber
mit glasierten Birnenspalten

200 g Gänsestopfleber
etwas Öl zum Braten
Salz und Pfeffer

1 große reife Birne
1 Prise Zucker
10 g Butter
2 cl Birnenbrand
75 g grob gehackte Haselnüsse
100 ml dunkler Balsamico

Gänsestopfleber

Die Gänsestopfleber parieren und in fingerdicke Scheiben schneiden. Von beiden Seiten in heißem Öl goldgelb anbraten. Erst nach dem Herausnehmen würzen und anschließend warm stellen.

Birnenspalten

Die Birne schälen und in feine Spalten schneiden. In einer Pfanne Zucker und Butter flüssig werden lassen und mit Birnenbrand ablöschen. Darin die Birnenspalten mehrmals durchschwenken. Die Nüsse in einer Pfanne ohne Fett goldgelb rösten. Balsamico auf ein Drittel einreduzieren.

Die Birnenspalten auf einem Teller fächerartig auslegen. Darauf die Gänseleber drapieren und mit den restlichen Birnenspalten und den gerösteten Haselnüssen garnieren. Den Tellerrand mit der Balsamico-Reduktion garnieren.

Der passende Wein zur Gänsestopfleber

2003 Ruländer Spätlese trocken C * * *
Weingut Reinhold und Cornelia Schneider
Endingen, Baden

Mit Abkürzungen ist die Weinwelt reich gesegnet. Und jedes Weingut hat dafür eine andere Auflösung – es wäre ja auch zu schön, wenn man sich auf eine einheitliche Bedeutung einigen könnte. Individualität ist angesagt. Auch wenn viele vermuten, dass hinter dem »C« der Name Cornelia steht, so einfach ist die Weinszene dann doch nicht zu durchschauen. Das »C« steht für Weine, die auf Lössböden gewachsen sind. Logisch. Bei den Spitzenqualitäten, die Reinhold und Cornelia Schneider seit Jahren produzieren, nehmen wir das kleine Verwirrspiel gerne in Kauf. Wenn sie nur so weitermachen wie in den vergangenen Jahren. Denn die Ruländer Spätlese gehört zur besten ihrer Art in ganz Deutschland. Reinhold und Cornelia Schneider pflegen die Tradition des Ruländers, verändern ihn aber gleichzeitig zum Positiven. Nach wie vor ein voluminöser Zeitgenosse, aber mit eingebauter Struktur und Eleganz. Trotz seiner Jugend – Jahrgang 2003 – zeigt der Wein bereits jetzt eine unglaubliche Aromenvielfalt: rauchige Noten, Cox Orange, kandierte Kumquats, reife Birnen und Haselnüsse. Eine bunte Mischung komplexer Aromen, dennoch scheint der dichte Wein fast leichtfüßig durch den Gaumen zu marschieren. Dazu kommen ein relativ hoher Alkoholgehalt und eine Cremigkeit, die alle Komponenten ideal miteinander verbinden. Die wahrnehmbare Süße des Weines ist keine Fruchtsüße, sondern kommt von den Extrakten und vom Alkohol. Das macht die Kombination mit Speisen recht schwierig, denn die Extraktsüße darf nicht auf zu viel karamellige Süße einer reduzierten Sauce treffen. Deshalb passt die Kombination mit den leicht glasierten Birnen und den gerösteten Haselnüssen ideal. Denn die Birnenspalten bringen die Frucht und vor allem die erforderliche Säure mit, um den hohen Fettgehalt der Stopfleber zu kompensieren. So ist die Brücke zum Wein gebaut, der mächtige Ruländer kann trotz seiner Jugendlichkeit seine wahre Größe präsentieren. Auf eine reichhaltige Sauce wird bei diesem Gericht bewusst verzichtet, weil sich der mächtige Ruländer eher in eine bittere und metallische Richtung entwickeln würde.

GRÜNER VELTLINER

Weißer Pfeffer, Zitrus, Melone, Kräuter, Apfel, Blüten

Das ist Österreich! Nicht ausschließlich, aber der Grüne Veltliner, der in ernst zu nehmenden Mengen nur in Österreich angebaut wird, ist so etwas wie das Aushängeschild des innovativen kleinen Weinlandes. Mehr als ein Drittel der österreichischen Gesamtrebfläche ist mit dieser an die dortigen Bedingungen bestens angepassten Rebsorte bestockt. In Niederösterreich entfällt auf die ertragreiche und besonders widerstandsfähige Rebsorte sogar mehr als die Hälfte der gesamten Weinproduktion. Die Bandbreite reicht vom einfachen Zechwein bis zu internationalen Spitzengewächsen, in denen sich Bukettreichtum und Substanz in einem eleganten Stil vereinigen, der an die großen Weine des Elsass erinnert. Der typische Grüne Veltliner ist klassisch trocken, hat einen leicht pfeffrigen und würzigen Geschmack und trinkt sich in den ersten zwei bis drei Jahren am besten.

Das heißt aber nicht, dass ältere Veltliner keinen Charme besäßen. Im Gegenteil. Zwar sind reifere Grüne Veltliner relativ rar, aber sie zeigen auch nach Jahren noch ihre Eleganz und das geschmackliche »Pfefferl«, das mit den Jahren immer deutlicher hervortritt. Grüner Veltliner ist der ideale Speisenbegleiter, da er über eine zwar erfrischende, aber niemals dominante und scharfe Säure verfügt. Man könnte fast sagen, er ist das Spiegelbild der Österreicher, die schon in ihrer Sprache immer eine sympathische Weichheit und einen gewissen Charme mitbringen, sofern der Schmäh nicht überzogen wird. So schmeckt Grüner Veltliner. Die edelsüße Variante der Rebsorte ist relativ selten anzutreffen, aber sie existiert, und obwohl die Rebsorte nicht zur Edelfäule neigt, gibt es immer wieder erstaunliche edelsüße Grüne Veltliner, die trotz der Süße und der teilweisen Botrytis ihren pfeffrigen Charakter zeigen.

Phönix aus der Asche

Das beeindruckende Comeback österreichischer Weine hat mehrere Gründe. Obwohl das Land an der weltweiten Weinproduktion nur einen Anteil von etwa einem Prozent hat, herrschen hier die besten Bedingungen: Die Böden sind fruchtbar, das Klima ist fast perfekt, und die Winzer sind innovativ und talentiert zugleich. Österreichs Winzer haben den Mut, ihre Tradition der Moderne anzuvertrauen und neue Wege zu gehen. Weingüter in modernster Architektur und mit High-Tech im Keller findet man in allen österreichischen Weinbauregionen, die futuristische Weinerlebniswelt »Loisium« in Langenlois, ein Architektur-Projekt des amerikanischen Stararchitekten Steven Holl, ist ein sichtbares Zeichen einer auf die Zukunft ausgerichteten Winzerschaft, die ihre 2000-jährige Tradition mit neuem, jungem Leben erfüllt. In Sachen Innovation hat Österreich im Wein-Europa klar die Nase vorn.

Der Weg dorthin war allerdings alles andere als eben und gerade. Der über Nacht hereinbrechende Weinskandal Mitte der 1980er Jahre zwang die Winzer zu einem Neuanfang, der aus heutiger Sicht zu einer Gesundung des Weinlandes und zu einer völlig neuen Ausrichtung geführt hat. Heute sind österreichische Weine international gefragter und anerkannter als in all den Jahren zuvor. Die spürbare Qualitätssteigerung liegt zum einen an der Verschärfung des Weingesetzes von 1985 – als Folge des Skandals – und der Gründung zahlreicher Markengemeinschaften wie etwas der »Vinea Wachau«, die ihren Mitgliedern diverse Qualitätskontrollen auferlegt haben, zum anderen aber auch am neu entstandenen Kampfgeist der Winzer. Der zu dieser Zeit einsetzende Generationswechsel begünstigte diese Umstrukturierungsphase. Österreich präsentiert sich heute als Weinland mit einem sehr eigenständigen Profil. Rund zwei Drittel der Rebfläche sind mit Weißweinsorten bestockt, die bekannteste und nur in Österreich kultivierte Sorte ist der Grüne Veltliner. Der Rotweinanbau hat in den letzten Jahren zugenommen, die Weine sind bei Präsentationen immer für Überraschungen gut. Die Erfolgsstory der österreichischen Winzer mit Wachauer Smaragden, steirischen Muskatellern und Sauvignons, Edelsüßen vom Neusiedlersee oder burgenländischen Rotweinen ist nicht nur Beispiel höchster Weinmacherkunst, sondern auch das Ergebnis einer konsequenten Qualitätspolitik.

Marinierte Schweinebäckchen

1 l Wasser
¹⁄₃ Stange Lauch, nur das Weiße
1 Zwiebel, 100 g Knollensellerie
1 Möhre
Salz und Pfefferkörner
Thymian, Lorbeer, Nelke, Piment
250 g Schweinebäckchen

Kartoffel-Zuckerschoten-Salat
400 g fest kochende Kartoffeln
100 g Zuckerschoten
30 g Rucola
100 ml Rinderbrühe
3 EL Senf »Urrezept«
Monschauer Senfmühle
Zucker
3 EL Balsamico-Essig
Salz, Pfeffer
14 EL Kürbiskernöl

Schweinebäckchen

Wasser mit Gemüse und Gewürzen aufkochen, Schweinebäckchen dazugeben und zirka eine Stunde auf kleiner Flamme köcheln lassen. Fond abschmecken, Bäckchen herausnehmen, das warme Fleisch in eine Terrinenform pressen und einen Tag lang kalt stellen.

Kartoffel-Zuckerschoten-Salat

Kartoffeln kochen, pellen und in Scheiben schneiden. Zuckerschoten in Rauten schneiden und blanchieren. Rucola putzen und waschen, beiseite stellen. Brühe, Senf, Zucker, Essig, Salz und Pfeffer in eine Schüssel geben, nach und nach 12 EL Kürbiskernöl dazugeben und zu einer cremigen Masse verrühren. Anschließend Dressing über die Kartoffeln und Zuckerschoten geben, gut unterheben, bei Bedarf nochmals mit Salz, Pfeffer, Zucker abschmecken und ziehen lassen.

Vor dem Servieren Rucolasalat unterheben, Fleisch stürzen und in feine Scheiben schneiden. Diese dekorativ auf dem Teller auslegen und den Salat in der Mitte anrichten. Das Fleisch direkt vor dem Servieren mit dem restlichen Kürbiskernöl bestreichen.

Der passende Wein zu den Schweinebäckchen

2003 Langenlois Käferberg
Grüner Veltliner Qualitätswein trocken
Weingut Loimer
Langenlois, Kamptal

Er war das Wunderkind der österreichischen Weinszene. Oder besser gesagt, eines der Wunderkinder. Aber mit Fred Loimer hat nicht nur das Kamptal an Profil gewonnen – der junge Winzer wurde schnell über die Grenzen der Alpenrepublik bekannt. Auch mit Überraschungen. Wie etwa dem viel diskutierten Etikett und natürlich mit seiner Black Box inmitten der Weinberge. Unter dem schlicht schwarzen, modernen Weingutsgebäude am Rande von Langenlois befindet sich das verzweigte Kellernetz des innovativen Winzers. Hier liegen die Weine im Edelstahl, aber auch wieder vermehrt im Holzfass. Einer von ihnen ist der 2003 Langenlois Käferberg Grüner Veltliner Qualitätswein trocken, der bis zur Abfüllung auf der Feinhefe in einem großen Holzfass ausgebaut wurde. Ein noch verschlossenes Gewächs, das zart nach reifen roten Äpfeln und ein wenig nach Pfirsich duftet. Aber er wäre kein echter Loimer, hätte er nicht auch leicht pfeffrige, mineralische und kräutrige Noten. Am Gaumen zeigt der Veltliner seine gradlinigen, kraftvollen, jedoch feinfruchtigen Aromen, die von mineralischen, würzigen Noten und einem feinen Säurespiel untermalt werden. Das passt alles exzellent zusammen. Nur ein wenig frische Luft sollte man dem Wein gönnen, damit er sich besser entwickeln kann. Deshalb bitte dekantieren! Überhaupt empfiehlt sich das Dekantieren bei jungen, verschlossenen, körperreichen Weißweinen. Denn die Sauerstoffzufuhr legt die noch verschlossenen Facetten frei. Sie kennen das: Erst beim letzten Glas schmeckt der Wein so richtig gut. Das hat nichts mit dem steigenden Alkoholpegel zu tun, sondern vielmehr mit der Tatsache, dass der Wein zu diesem Zeitpunkt genug »geatmet« hatte, um seine vorher verschlossenen Aromen preiszugeben.

Doch wie pariert der Käferberg das Kürbiskernöl? Auf den ersten Blick erscheint das problematisch, weil das Öl sehr nussig und dominant ist. Die Schweinebäckchen, die in feinen Scheiben auf dem Teller ausgelegt und dann mit Kürbiskernöl bestrichen werden, verbinden sich geschmacklich ideal miteinander. Aber die eigentlichen Gegner des Weines sind bei diesem Gericht der im Kartoffelsalat befindliche Balsamico-Essig und der Senf. Aber das funktioniert, denn die Kartoffeln puffern und bremsen die gegensätzliche Wirkung der Säure. Rucola gibt einen interessanten Bitterton dazu. Auch hier gilt die Regel, dass oftmals heimische Gerichte und Gewürze mit den entsprechenden Weinen zusammenpassen. Ein Veltliner mit würzigen, pfeffrigen Noten und feinem Schmelz freut sich über dieses Gericht und das nussige Kürbiskernöl. Kein Problem!

Kalbstafelspitz mit Meerrettichsauce

Tafelspitz

Die untere Sehne vom Kalbstafelspitz herausschneiden (parieren). Das Olivenöl mit Thymian, Salz, Pfeffer und Knoblauchzehen vermischen, in einen Topf geben und den Tafelspitz in das Öl legen. Den Topf 10 Minuten in den vorgeheizten Ofen bei 160 °C schieben. Danach den Ofen auf 80 °C herunterfahren und den Tafelspitz zirka sechs bis sieben Stunden garen lassen.

Wurzelgemüse

Zwiebel, Möhren und Sellerie schälen und in kleine Würfel schneiden. Alles zusammen in etwas Olivenöl scharf anbraten und mit Salz und Pfeffer abschmecken.

Kräutergraupen

Die Graupen zirka 30 Minuten in Wasser einweichen. Schalotte sauber schälen, in kleine Würfel schneiden und kurz in Olivenöl anschwitzen. Danach die Graupen dazugeben, das Ganze bis zum Rand mit Rinderbrühe auffüllen, Knoblauch, Thymian und Lorberblatt einlegen und köcheln lassen. Sobald die Graupen gar sind, mit Salz und Pfeffer abschmecken. Die grob gehackte Kerbel-Petersilie-Koriander-Mischung und die kalte Butter kurz vor dem Servieren unterheben.

Meerrettichsauce

Milch aufkochen. Das Brot in Würfel schneiden, den frischen Meerrettich schälen, fein reiben und alles in die heiße Milch geben. Das Ganze bei kleiner Flamme zirka 20 Minuten ziehen lassen. Anschließend pürieren und mit Salz, Pfeffer und etwas Zitronensaft abschmecken.

700 g Kalbstafelspitz

600 ml Olivenöl

2 Zweige Thymian

Salz und Pfeffer

2 Zehen Knoblauch

frisch geraspelter Meerrettich

Wurzelgemüse

1 Zwiebel, 3 Möhren, 1 Sellerieknolle

Olivenöl, Salz und Pfeffer

Kräutergraupen

200 g Graupen

1 Schalotte, Olivenöl

200 ml Rinderbrühe

1 Zehe Knoblauch, 1 Zweig Thymian

1 Lorbeerblatt, Salz und Pfeffer

⅓ Bund Kerbel, ⅓ Bund Petersilie

⅓ Bund Koriander

20 g kalte Butter

Meerrettichsauce

300 ml Milch

200 g Weißbrot ohne Rinde

100 g frischer Meerrettich

Salz und Pfeffer

Zitronensaft

Der passende Wein zum Tafelspitz

2002 Grüner Veltliner Smaragd
Vinothekfüllung
Weingut Knoll
Unter-Loiben, Wachau

Ein fast unscheinbares Weingut in dem Dörfchen Unterloiben bei Dürnstein zählt zu den weltweiten vinologischen Kultstätten. Das hört der Winzer nicht so gerne, denn Emmerich Knoll ist dazu zu bescheiden und zurückhaltend. Aber es stimmt. Keine Aufsehen, man ist ja schließlich nur Winzer und bringt die Natur ins Glas. Stimmt auch, aber was bei Knoll ins Glas kommt, ist von außergewöhnlicher Qualität. Echte Meisterstücke, Spiegelbilder des Terroirs und von einer betörenden Mineralik. Wir wollen nicht von Genialität reden, aber eine gute Portion Talent ist bei Emmerich Knoll schon im Spiel. Und Talent ist bekanntlich erblich. Der Sohn tritt langsam, aber sicher in die Fußstapfen des Vaters, die Kultstätte scheint in der nächsten Generation gesichert.

Die 2002 Vinothekfüllung ist eine Cuvée aus den besten Lagen der verschiedenen Weingärten und wird nur in den wirklich guten Jahren produziert. Ein Wein, der zwar nicht authentisch aus einer Lage kommt, dessen Trauben aber sehr reif und mit deutlicher Botrytis gelesen werden. Mineralität und Lagencharakter treten dabei in den Hintergrund. Es ist keine vordergründige Frucht schmeckbar, alle Aromen sind harmonisch eingebettet. Die Stilistik der Vinothekfüllung hebt sich mit ihrem etwas höheren Alkoholgehalt von den Lagenweinen ab. Ein Wein für die Vinothek oder den Keller, der noch einige Jahre reifen kann, bevor er getrunken wird.

Trotzdem haben wir den 2002er probiert. Der Wein präsentiert sich sehr mineralisch, fast rauchig, ein wenig kräutrig, mit Anklängen an Orangenschalen, weißen Pfeffer, gelbe Früchte und reife Birnen.

Im Mund zeigt sich schon jetzt eine wunderbare Reife, verbunden mit mineralischen Noten und Aromen von weißen Pfirsichen, Aprikosen und Birnen. Sehr ansprechende, leicht rauchige Länge mit kräftigem Schmelz und anregender Säurestruktur. Obwohl der Wein sehr voluminös ist, erscheint er elegant und vielschichtig. Eine optimale Voraussetzung, um sich mit dem Tafelspitz und der rahmigen Meerrettichsauce zu vertragen. Wobei der Tafelspitz bei diesem Gericht gar nicht die entscheidende Rolle spielt. Hauptdarsteller ist ganz klar die Meerrettichsauce. Sie wird jedoch eng von den Kräutergraupen und dem Wurzelgemüse begleitet, die eine puffernde Wirkung gegenüber der im Wein enthaltenen Säure ausüben. Der voluminöse Veltliner reagiert wunderbar auf die rahmige Sauce, hat überhaupt kein Problem mit der leichten Schärfe, schmiegt sich an die Kräutergraupen und verständigt sich blind mit dem Wurzelgemüse.
Bei diesem Gericht ergänzen sich die Aromen wunderbar, sowohl der Wein als auch das Gericht kommen voll zur Geltung, und beides zusammen macht großen Spaß!

SAUVIGNON BLANC

Stachelbeere, Schwarze Johannisbeere, Gras, Grapefruit, Paprika

Es ist am Namen abzulesen oder auch zu schmecken, denn eine gewisse aromatische Ähnlichkeit besteht: Der Sauvignon ist – wie übrigens auch der Cabernet franc – mit dem roten Cabernet Sauvignon verwandt. Mehr oder weniger zufällig, denn es wird eine natürliche Kreuzung im 18. Jahrhundert in Bordeaux vermutet. Als diese Verwandtschaftsverhältnisse 1997 durch eine DNA-Analyse bestätigt wurden, erlebte der Sauvignon blanc noch einmal eine kräftige Aufpolierung seines Images, obwohl die französische Rebsorte – die immer öfter auch in der Neuen Welt zu finden ist – seit jeher einige der populärsten und charaktervollsten trockenen Weißweine der Welt lieferte: Sancerre, Pouilly-Fumé an der Loire und eine breite Palette von Sauvignon blanc und Fumé blanc in fast allen Weinbauregionen rund um den Globus.

Sauvignon blanc ist eine markante Rebsorte, ihr kräftiges Aroma ist relativ leicht zu erkennen. Typisch sind grasige, grüne, fast kräutrige Aromen und deutliche Duftnoten, die an grüne Früchte erinnern, vor allem an Schwarze Johannisbeeren, Stachelbeeren, Grapefruit, und manchmal auch an grüne Paprika, Bohnen und Spargel. Die Weine gehören, wenn sie nicht mit dominanten Holzaromen maskiert sind, zu den geschmackskräftigsten und saubersten Weißweinen der Welt. Dazu ist der Sauvignon blanc eine Rebsorte, die sensibel auf das den jeweiligen Standort und das entsprechende Klima reagiert.

Der Sauvignon gelingt am besten, wenn die Trauben nicht zu reif geerntet werden, im Edelstahl vergoren und frühzeitig auf die Flaschen gefüllt werden. Das ist das Modell des Sancerre, das die Winzer in anderen Teilen Frankreichs, aber auch Italien, Portugal, Spanien und teilweise in der Neuen Welt bis zu einem gewissen Grad nachahmen. Sauvignon blanc eignet sich aber auch für den Ausbau in neuen Eichenholzfässern. Ein Ausbau im kleinen Holzfass (Barrique) kann den fruchtigen Charakter angenehm verstärken, lediglich in den heißeren Anbaugebieten der südlichen Hemisphäre zeigen die Sauvignons dann weniger Frische und Würze. In der Steiermark produziert eine Hand voll Winzer kraftvolle, aromatische Sauvignons blancs mit kräftigen, gut eingebundenen Holznoten. Sehr häufig, vor allem im Bordelais – Entre-Deux-Mers, Graves, Sauternes –, wird der Sauvignon mit Semillon verschnitten, um den trockenen oder süßen Weinen Kraft und Würze zu geben. Dazu hat der Sauvignon blanc einen deutlichen Anteil in den trockenen Weißweinen von Bergerac, den Côtes du Marmandais und Pacherenc du Vic-Bilh.

Außerhalb Frankreichs trifft man den Sauvignon in Italien, vor allem im Nordosten in der Region Friaul und in Südtirol. Auch in Deutschland gibt es immer mehr junge Winzer, die sich an der Rebsorte versuchen. Den größten Karrieresprung machte die Rebsorte allerdings in der Neuen Welt. Vor allem im relativ kühlen Klima Neuseelands erzielen die Winzer saubere und kräftige Weine aus der Rebsorte, auch in Südafrika gelangte die Rebsorte zu bester Qualität und bestimmte maßgeblich das Weißwein-Image des Landes. In Australien dagegen steht der Sauvignon blanc im Schatten des Chardonnays, im Gegensatz zu den USA. Als die kalifornische Winzer-Legende Robert Mondavi in den 1980er Jahren auf die Idee kam, den Sauvignon in Fumé blanc umzubenennen, begann vor allem im Napa Valley zeitweilig ein Run auf die Rebsorte. Nach wie vor aber findet man die Klassiker an der Loire.

Comeback an der Loire

An der Loire, einem der letzten unverbauten Wasserläufe Europas, begegnet man dem Sauvignon blanc in seiner unverfälschten Art. Sauvignon blanc ist die wichtigste Weißweinsorte der Anbaugebiete Pouilly-Fumé und Sancerre, aber auch der weniger bekannten Appellationen Menetou-Salon, Quincy und Reuilly. Das Original ist hier zu Hause. Aus den häufig auf Kalksteinböden stehenden Weinbergen kommen die klassischen Sauvignons blancs: trocken, klar und präzise mit der typischen Stachelbeer- und Schwarzen-Johannisbeer-Frucht, einem leicht rauchigen Duft, intensiv im Geschmack und herzhaft erfrischend, dabei immer von einer gewissen Eleganz. Vor allem die besten Sancerre und Pouilly Fumé dienten als Vorbilder für die ersten Experimente der Neuen Welt mit Sauvignon blanc. Und die waren überaus erfolgreich. Die Neue Welt – vor allem Südafrika und Neuseeland, aber auch Kalifornien – trumpfte mit einer modernen Sauvignon-blanc-Stilistik auf. Die Weine strahlten, wurden sehr duftintensiv, präsentierten sich fruchtig mit frischen Aromen von Aprikose, reifen Stachelbeeren, Mango, Passionsfrucht, Grapefruit, Feige und Cassis und zeigten immer auch einen Touch Süße im Geschmacksbild. In den neuen Sauvignons blancs war kaum mehr was von den sonst üblichen vegetabilen Aromen wie Pfeffer, grünen Bohnen, Lauch oder der berüchtigten »Katzenpisse« zu finden. Indessen verfielen die klassischen Loire-Weine immer mehr in einen Dornröschenschlaf. Als man versuchte, aus der Winzerei eine Industrie zu machen, verschwanden dann auch die vom unterschiedlichen Terroir geprägten, individuellen Weine der Loire in der Masse einer geschmacklosen Einheitsbrühe. Das Ergebnis waren austauschbare Weine aus dem Plastiktank, die alle als »Sancerre« und »Pouilly Fumé« verkauft wurden. Der Erfolg der Winzer in Übersee mit einer klassisch-französischen Traubensorte rief die Kollegen an der Loire auf den Plan und ermunterte sie zur Wiederentdeckung der alten Tugenden. Man ging im Weinberg und im Keller neue Wege, jetzt diente die Neue Welt als Vorbild und Inspiration: Die Trauben wurden in verschiedenen Reifestadien gelesen, um dem Aroma mehr Nuancen und dem Wein mehr Körper mitzugeben, die Weine teilweise in Eichenholzfässern vergoren und ausgebaut. Mancher Winzer, allen voran Dagueneau im kleinen Ort Saint-Andelain, baute seine Sauvignons aus den verschiedenen Böden immer differenziert aus, in jedem Fass ein individueller Wein. Die Sauvignons der Loire zeigten wieder ihre alte Klasse: im duftigen Bukett feine, filigrane Frucht-Aromen, die am Gaumen förmlich explodieren. Und die Mineralik der Böden. Derweil experimentierten Tement und Polz nach Bordelaiser Vorbild in der Südsteiermark genau wie Didier Dagueneau in Frankreich mit dem Ausbau in kleinen Eichenholzfässern. Sauvignons blancs, im Idealfall perfekt in die Eiche eingebunden, mit großer Aromenvielfalt und dezenten Holznoten, die dem Wein eine feine Struktur verleihen. Dazu Potenzial für Jahre.

Terrine von mediterranem Gemüse mit Sauce Romesco

Pesto
1 Bund Basilikum
1 Bund Kerbel
1 Knoblauchzehe
90 g Pinienkerne
300 ml Olivenöl
Salz
70 g geriebener Parmesan

Terrine
2 Zucchini
2 Auberginen
2 rote Paprika
2 gelbe Paprika
Olivenöl zum Anbraten

Sauce Romesco
5 Knoblauchzehen
150 g gehobelte Mandeln
2 Weißbrotscheiben
3 reife Tomaten
3 reife Gewürzpaprika
5 EL Rotweinessig
125 ml Olivenöl, extra virgine
Kräuter zum Garnieren

Pesto

Kräuter, Knoblauch, Pinienkerne und Öl mixen, bis eine dicke, homogene Masse entsteht. Mit Salz abschmecken und geriebenen Parmesan dazugeben.

Terrine

Die Zucchini und Auberginen waschen, in 5 mm dicke Scheiben schneiden und kurz anbraten. Die Paprika waschen, entkernen, in Viertel schneiden und ebenfalls anbraten. Anschließend je eine Schicht Pesto und eine Schicht Gemüse in eine Terrine füllen, kurz anpressen und zirka 3 bis 4 Stunden, besser einen Tag lang, kalt stellen.

Sauce Romesco

Die geschälten Knoblauchzehen bei 180 °C im Ofen zirka 5 Minuten rösten. Anschließend die Mandeln bei 150 °C zirka 2 Minuten rösten. Das Weißbrot entrinden und die Tomaten blanchieren und entkernen. Die Paprika bei 210 °C zirka 15 Minuten lang im Ofen backen, anschließend enthäuten und entkernen. Danach alles in einem Cutter zu einer homogenen Masse verarbeiten, dabei nach und nach das Öl zugießen, bis die gewünschte Konsistenz erreicht ist.

Die Terrine in Scheiben schneiden, mit der Sauce Romesco anrichten und mit Kräutern garnieren.

Der passende Wein zum mediterranen Gemüse

2003 Menetou-Salon
Domaine de Chatenoy,
B. Clément et Fils
Menetou-Salon, Loire

Sancerre ist ein Mekka für Wein-Touristen. Jahr für Jahr bevölkern Abertausende den berühmten Wein-Ort an der Loire. Von der kleinen Ortschaft Menetou-Salon – unweit von ihrem berühmten Nachbarn gelegen – nimmt jedoch kaum jemand Notiz. Versteckt in der sanften Hügellandschaft schlägt hier das Herz der nur 500 Hektar großen gleichnamigen Appellation. Auch hier wird vorwiegend Sauvignon blanc kultiviert – längst müssen die Weine keinen Vergleich mehr mit dem berühmten Nachbarn Sancerre scheuen. Sie haben vielmehr aus der einstmals boomenden, eher schadhaften »Sancerre-Mode« profitiert und sich unglaublich qualitätsorientiert entwickelt. Pierre Clement, Besitzer der Domaine de Châtenoy, verfügt über rund 40 Hektar Rebfläche – 80 Prozent Sauvignon und 20 Prozent Pinot noir – und gehört damit zu den größten Betrieben in Menetou-Salon. Temperaturgesteuerte Vergärung und ein langes Hefe-Lager im Edelstahltank tragen dazu bei, dass Aroma und Frucht optimal zur Geltung kommen. So wie bei unserem Wein, einem klaren, ganz reinen und gradlinigen Sauvignon blanc, der selbstbewusst zeigt, was die Spitze zu bieten hat! Nämlich Sauvignon-typische Aromen von schwarzen Johannisbeeren, Stachelbeeren, Mirabellen, ein wenig grüne Paprika, leicht rauchig, grasig, grün und ein wenig vegetabil. Ein sehr frischer Wein, ohne Holzeinfluss, aber mit einer sehr gut eingebundenen Säure und zartem Schmelz.

Der Reiz in der Kombination mit der Terrine besteht im Zusammenspiel der gleichartigen und der gegensätzlichen Aromen. Paprika ist hier der gemeinsame Partner, während Pesto und auch die Sauce Romesco viel Olivenöl und nussige Aromen von Mandeln bzw. Pinienkernen enthalten und sich vom Fettgehalt her deutlich abheben. Auf den ersten Blick traut man diesem Wein eigentlich keine Kombination mit Fett zu. Paprika und Gemüse zeigen deutliche Röstaromen vom Anbraten. Interessanterweise passt sich der scheinbar filigrane Menetou-Salon diesen kräftigen, röstigen, aber auch charaktervollen mediterranen Aromen ohne weiteres an. Bei dieser Verbindung ist eben die Gemeinsamkeit der vegetabilen, also der »grünen«, Aromen wichtig.

Salat mit gebratenen Jakobsmuscheln, Mango, Pfirsich, Grapefruit und Pinienkernen

Salat
Blattsalate der Saison
1 Mango
2 Pfirsiche
1 Grapefruit
40 g Pinienkerne
8 Jakobsmuscheln

Mango-Vinaigrette
100 g Zwiebelwürfel
200 ml Rapsöl
100 ml weißer Balsamico
je 1 Prise Salz,
Pfeffer und Zucker

Salat waschen und mundgerecht zerzupfen. Die Mango schälen, Stein entfernen und das Fruchtfleisch in feine Streifen schneiden, die Abschnitte aufbewahren. Die Pfirsiche halbmondförmig schneiden. Die Grapefruit schälen und filetieren. Anschließend die Pinienkerne ohne Öl in einer Pfanne goldgelb rösten. Danach im heißen Öl die Jakobsmuschelnüsschen kurz anbraten, Corail anderweitig verwenden.

Für die Mango-Vinaigrette die Zwiebelwürfel in etwas Öl glasig dünsten, dazu die Mangoabschnitte mit Balsamico-Essig und den gedünsteten Zwiebeln pürieren und mit Öl aufmixen.

Mango, Grapfruit und Pfirsich dekorativ auf Teller legen, in die Mitte ein Salatbouquet setzen und mit der Mango-Vinaigrette beträufeln. Die gebratenen Jakobsmuscheln rechts und links daneben setzen und alles mit den gerösteten Pinienkernen bestreuen.

Tipp: Dieses Gericht gelingt am besten mit absolut reifen Früchten. Deshalb die Mangos entsprechend vorher kaufen und bei Zimmertemperatur reifen lassen.

Der passende Wein zum Salat mit Jakobsmuscheln

2001 Sauvignon blanc
Sernau
Weingut Tement
Berghausen, Südsteiermark

In der Steiermark ist Manfred Tement der Vorzeigewinzer. Und das nicht nur wegen seiner spektakulären Weingutsarchitektur, die die ländliche Idylle um einen interessanten Aspekt bereichert – absolut sehenswert! Tement macht außergewöhnliche Sauvignons blancs, die man auf der Pilgerfahrt in die steirische Provinz unbedingt probieren sollte. Im schicken, puristischen Verkostungsraum mit Blick in die Weinberge kann man sich die Idee des talentierten Winzers im wahrsten Sinne des Wortes ertrinken. Auch der 2001 Sauvignon blanc Sernau ist mit dabei. Auffällig gut und fein gereift, schmeckt der Wein nach reifen Stachelbeeren, Schwarzen Johannisbeeren, ein wenig nach Banane, Mirabelle und zeigt Anklänge von Ananas – Verzeihung – aus der Dose.

Kein Qualitätsknick, im Gegenteil. Der Schmelz des Weines ist richtig elegant, dabei von einer feinen Reife geprägt, aber natürlich auch von einem entsprechenden Alkoholwert. Der ist allerdings sehr geschickt und kaum spürbar ins Holz eingebunden, denn der Sauvignon blanc liegt für nur kurze Zeit und hauptsächlich in gebrauchten Barriques. Passt alles hervorragend zu Jakobsmuscheln, die kurz und heiß angebraten werden und deshalb über deutliche Röstaromen verfügen. Die kräftig gerösteten Pinienkerne ergänzen sich hingegen wunderbar mit den zarten, fein eingebundenen Holznoten des Barriques. Gemeinsam mit den fruchtigen Mango-, Pfirsich- und Grapefruitaromen ergibt sich eine herrliche Kombination, die sich richtiggehend an diesen Wein anschmiegt und zum sofortigen Genuss aufruft.

CHARDONNAY

Birne, Aprikose, Vanille, Toastbrot, Butter, Melone, Ananas, Werthers Echte

Dafür oder dagegen? Kaum eine andere Rebsorte spaltet die Weinwelt so deutlich in zwei Lager wie der Chardonnay. ABC – Anything But Chardonnay – ist denn auch mehr als ein Wortspiel. Es ist nach der fast erdrückenden Chardonnay-Welle der letzten Jahre für viele ein vinologischer Befreiungsschlag. Wie konnte es überhaupt so weit kommen? Die im Burgund beheimatete Rebsorte war über Jahrhunderte hinweg Garant für feine Weißweine. Allerdings wurden die Weine – wie im Burgund üblich – unter der geografischen Bezeichnung der Weinberge vermarktet. Chardonnay fand auf dem Etikett nicht statt. Das änderte sich schlagartig in den 1980er Jahren. Chardonnay wurde Mode, avancierte zur Marke, und viele Verbraucher waren sich nicht bewusst, dass hinter dem wohlklingenden Namen eine eigenständige Rebsorte stand. Chardonnay wurde das Synonym für guten, trockenen Weißwein. Weltweit. Die Neuanpflanzungen explodierten förmlich, in fast jedem Weinbaugebiet der Welt fand der Chardonnay seinen Platz. Es schien ein unaufhaltsamer Siegeszug zu werden. Denn die Rebsorte eignet sich ebenfalls gut als Grundwein für die Herstellung von Schaumweinen nach der Champagner-Methode.

Nicht nur in Frankreich verdoppelte sich binnen zehn Jahren die Anbaufläche, auch in Deutschland entdeckten die Winzer den Chardonnay als vom Verbraucher mehr und mehr gefragten Mode-Wein. Vor allem aber die Neue Welt nahm die Rebsorte dankbar auf und machte sie zur Nummer eins unter den Weißweinen. Kalifornien legte ein bemerkenswertes Anpflanztempo vor. Waren 1980 noch rund 7 000 Hektar mit Chardonnay bestockt, erhöhte sich die Fläche in den folgenden 15 Jahren auf 32 000 Hektar. Auch die südamerikanischen Anbauländer Chile und Argentinien setzten auf die französische Rebsorte, in Südafrika, Australien und Neuseeland wurde Chardonnay mit Abstand zum erfolgreichsten Weißwein. Heute soll er die am vierthäufigsten angebaute Rebsorte der Welt sein.

Dabei ist Chardonnay relativ geschmacksneutral, die Aromen erinnern an die herbe Unreife grüner Äpfel. Gleichzeitig kann die Rebsorte relativ schnell zu einem hohen Alkoholgehalt gelangen, der manchmal eine gewisse Süße empfinden lässt. Aber bei aller Kritik: Die Rebsorte hat einen entscheidenden Vorteil, der Grundlage ihrer Karriere ist. Sie gedeiht unter den verschiedensten Klimabedingungen und bringt dabei ohne größere Probleme gute Erträge hervor. Chardonnay findet sich im relativ kühlen Chablis-Gebiet im Norden Frankreichs genauso wie im heißen australischen Riverland. Einzig die Säure ist in warmen Weinbergen die Schwachstelle, denn der so wichtige Säuregehalt reduziert sich gegen Ende des Reifevorganges wesentlich schneller. Chardonnays aus heißen Gebieten schmecken oft nach ein bis zwei Jahren müde und schlapp, es fehlt ihnen an ausreichender Säure und lebendiger Frische. Um bei Chardonnay ein stabiles Säuregerüst zu bekommen, spielt der exakte Lesezeitpunkt eine wichtige Rolle. Im Keller ist der Chardonnay sehr flexibel, er spricht auf ein breites Spektrum an Kellertechniken an und ist ausgesprochen zugänglich für die Ideen und Fähigkeiten der Weinmacher. Mit und ohne Barrique oder dem Einsatz von Eichenchips – der in der Regel trocken ausgebaute Chardonnay wird auch in Zukunft eine wichtige Rolle im Weißweinbereich spielen.

Ohne Holz aus der Provinz

Erst als »Global Player«, als weltweit gefragte Rebsorte, ist der Chardonnay zu seiner Popularität gekommen. Easy going, Chardonnay all over the world: Die unkomplizierte Rebsorte ist auf der ganzen Welt heimisch. Entsprechend breit ist auch das Qualitätsspektrum und reicht von einfachen, fast wässrigen und belanglosen Weinchen bis zu dichten und komplexen Chardonnays, die mit einem geschickten Holzeinsatz zusätzliche Kraft und Power bekommen.

Die berühmtesten Chardonnay-Weine wachsen sicherlich im Burgund bei Puligny-Montrachet, Meursault, Corton-Charlemagne und Chablis. Vor allem der stahlige, trockene und alterungsfähige Chablis – die Appellation Chablis wurde 1938 geschaffen – war lange Zeit das Idealbild eines trockenen Weißweins. Abseits vom übrigen Burgund regiert hier uneingeschränkt die Chardonnay-Traube, die Weinbaupraktiken sind jedoch ganz ähnlich wie im Burgund. Interessant ist allerdings, dass der Einsatz von Eichenfässern im Chablis bis heute umstritten ist.

Während weltweit der Chardonnay quasi als Vorzeigesorte für im Barrique ausgebaute Weißweine gilt, ist Chablis das einzige Anbaugebiet, in dem die Rebsorte nicht automatisch mit Eiche in Berührung gebracht wird. Zwar wurden noch bis in die 1960er Jahre Eichenholzfässer zur Lagerung verwendet, aber das Gros der Weine wurde in Beton- und Metalltanks ausgebaut. Heute dominiert der Edelstahl die Keller der Winzer, die das Terroir ohne Einwirkungen von Holz herausarbeiten möchten und damit auf den reinen, klaren Chablis-Geschmack mit seiner festen, kräftigen Säure und den feinen mineralischen Noten setzen. Dahinter steckt die Erkenntnis, dass der Wein ein gewisses Maß an Struktur und Extrakt haben muss, um nicht vom alles überlagernden Eichenholzgeschmack überwältigt zu werden. Denn die ohnehin etwas geschmacksneutrale Rebsorte hat hier eine deutlich schmeckbare Schwachstelle, wie viele holzige Chardonnays aus der Neuen Welt beweisen.

Chardonnay also gänzlich ohne Holz? Und ohne den so typischen Vanille-Geschmack? Für viele, die Chardonnay nur aus der Neuen Welt kennen, ist das sicherlich ein Novum. Aber eine interessante Variante des Originals. Natürlich gibt es auch Chablis-Winzer, die ihre Chardonnays erst im Edelstahl vergären lassen und, sobald die alkoholische Gärung beendet ist, den Wein zur Reifung ins Eichenholz legen. Dabei soll die Sauerstoffanreicherung durch die Fassporen dem Geschmack des Weines zusätzliche Komplexität geben. Wenn zu 100 Prozent Fassausbau, dann kommen im Chablis in der Regel nur die besten Qualitäten wie Grands Crus und Premiers Crus ins Holz. Dabei spielt natürlich die Herkunft des Holzes und die Röstung eine wichtige Rolle für die spätere Geschmacksintensität des Weines.

Maispoularde und Zitronen-Ingwer-Nudeln mit Koriandersauce

Zitronen-Ingwer-Nudeln

6 Eigelbe, 1 Ei

1 EL Ingwerpaste

2 unbehandelte Zitronen,

Saft und Abrieb

20 ml Olivenöl

1 Prise Salz

250 g Mehl, 50 g Grieß

1 Ingwerwurzel

Zitronen-Ingwer-Nudeln

Eigelb, Ei, Ingwerpaste, Saft einer halben Zitrone, Abrieb von zwei Zitronen, Olivenöl und Salz im Mixer pürieren. Danach Mehl und Grieß hinzugeben und gut durchkneten. Anschließend den Nudelteig zirka 30 Minuten ruhen lassen. Danach Teig dünn ausrollen und in dünne Bandnudeln schneiden. Die Nudeln im heißen Wasser, gewürzt mit Salz und geschnittenem Ingwer, bissfest garen.

4 Maispoulardenbrüste

Salz und Pfeffer

Olivenöl oder Butterschmalz

zum Braten

Maispoulardenbrüste

Die Maispoulardenbrüste mit Salz und Pfeffer würzen und in Olivenöl oder Butterschmalz auf der Hautseite goldbraun anbraten. Das Fleisch wenden und auf der anderen Seite ebenfalls kurz anbraten. Danach im vorgeheizten Backofen zirka 8 Minuten bei 160 °C garen. Vor dem Servieren in Butter nochmals nachbraten.

Koriandersauce

1 Schalotte

1 Bund Koriander

20 g Butter

100 ml Weißwein

300 ml Sahne

Salz

Saft von einer Zitrone

50 g Butter zum Montieren

Koriandersauce

Die Schalotte würfeln und in Butter glasig dünsten, dazu die Stiele vom Koriander hinzugeben. Das Ganze mit Weißwein und Sahne aufgießen salzen und um ein Drittel einkochen lassen. Danach mit dem Pürierstab aufmixen, pürieren, Korianderblätter und kalte Butter hinzugeben. Mit Salz und etwas Zitronensaft abschmecken und passieren.

Der passende Wein zur Maispoularde

1999 Meursault 1er Cru
Domaine de Comtes Lafon
Clos de la Barre, Meursault, Burgund

Burgund, Meursault, Domaine de Comtes Lafon. Die Reihenfolge ist klassisch, denn das feine Weingut besitzt beste Lagen in Meursault, vier davon sind als Premier Cru klassifiziert. Das verpflichtet natürlich, aber Dominic Lafon, dessen Urgroßvater zu den illustren Bonvivants Frankreichs gehörte, weiß um den guten Ruf der Domaine und bringt jedes Jahr außergewöhnliche Gewächse in die Flaschen. Seine Weine liegen sehr lange auf der Hefe und reifen mindestens 24 Monate im Holzfass. So auch der 1999er Meursault 1er Cru, ein Wein aus sehr reifen Trauben mit einer dennoch spürbaren Mineralität. 1999 war im Burgund ein recht opulenter Jahrgang, speziell dieser Wein besitzt eine reiche, komplexe Aromatik und ist trotzdem vielschichtig. Er präsentiert uns auf elegante Art Aromen von reifen Birnen, feine Vanille-Noten, Aprikosen und Anklänge von getoastetem Brot. Das Ganze wird in einem feinen Schmelz zusammengeführt. Insgesamt ein sehr dichter, konzentrierter Wein, dem das Holz gut ansteht.

Mit der Maispoularde und den cremigen Zitronen-Ingwer-Nudeln hat der Wein kein Problem. Man könnte fast sagen, er macht mit ihnen kurzen Prozess. Es passt einfach. Die reife Stilistik des Weines spielt mit den dominanten Zitronen-Ingwer-Aromen der Nudeln, das zarte Poulardenfleisch wird von der schmelzigen Textur getragen. Dieses Gericht benötigt einen kräftigen, komplexen Wein als Partner. Deshalb muss der Wein entsprechenden Charakter besitzen, um sich nicht im Strudel der sahnigen Sauce und den würzigen Aromen zu verlieren.

Maultaschen mit frischen Kräutern und Steinpilzen auf Rahmsauce

Maultaschen
300 g Mehl
3 Eier, 3 Eigelbe
1 TL Salz
1 EL Öl

Das Mehl auf eine Arbeitsplatte sieben und in der Mitte eine Mulde formen, Eier, Eigelbe, Salz und Öl hineingeben. Jetzt von der Mitte aus mit einer Gabel vermischen, dann zügig zusammenfügen und zu einem Teig verkneten. Den fertigen Teig zu einer Kugel formen, in Klarsichtfolie packen und ruhen lassen.

200 g Steinpilze
Schnittlauch, Petersilie,
Kerbel, Thymian
1 trockenes Brötchen
60 g Schalottenwürfel
40 g Butter
1 Ei, Salz, Pfeffer und Muskat
Eiweiß zum Bestreichen
1 l Fleischbrühe

Für die Füllung die Steinpilze putzen und klein schneiden, die Kräuter mit einem scharfen Messer klein hacken. Brötchen in Würfel schneiden. Die Schalottenwürfel und Steinpilze in Butter anschwitzen, danach mit Kräutern, Brötchen und Ei zu einer Füllmasse verrühren. Mit Salz, Pfeffer und Muskat abschmecken.

Den Nudelteig auf einer Arbeitsfläche dünn ausrollen und mit Hilfe eines Lineals und eines Nudelrädchens kleine Rechtecke abtrennen. Auf jedes Teigrechteck jeweils einen Teelöffel Füllung geben, anschließend die Ränder mit Eiweiß bestreichen, übereinander klappen und andrücken. Die fertigen Teigtaschen rund 10 bis 15 Minuten bei schwacher Hitze in der Fleischbrühe ziehen lassen.

Rahmsauce
100 g Steinpilze
2 Schalotten
20 ml Sonnenblumenöl
2 cl Cognac, 20 ml Weißwein
150 ml Sahne
50 ml Kalbsjus
1 Zweig Thymian, 1 Zweig Kerbel
Salz und Pfeffer

Die Steinpilze für die Rahmsauce putzen und klein schneiden, die Schalotten würfeln. Danach die Steinpilze im heißen Öl anbraten, Schalottenwürfel dazugeben und glasig schwitzen. Mit Cognac und Weißwein ablöschen. Danach Sahne und Jus hinzugeben und bis zur gewünschten Konsistenz einkochen lassen. Mit Salz und Pfeffer abschmecken. Die Maultaschen auf der Rahmsauce anrichten und mit einem Kerbelzweig dekorieren.

Der passende Wein zu den Maultaschen

1999 Chardonnay R
Spätlese trocken
Weingut Ökonomierat Rebholz
Siebeldingen, Pfalz

Dass man mit diesem Namen Winzer werden muss, war schon aus der Familienchronik ersichtlich. Dass Hansjörg Rebholz einmal in die deutsche Spitze vorstoßen würde, hat er seinem Talent und seiner Beharrlichkeit zu verdanken. Dabei sind alle Weine aus seiner Kollektion von einer erstklassigen Qualität, die Chardonnays aber sind für mich die besten in Deutschland. Weil Chardonnay bis 1991 in Deutschland nicht zugelassen war, hat Hansjörg Rebholz Chardonnay zunächst nur als »Versuch« angebaut, erst 1988 kam sein erster Chardonnay auf die Flasche. Rebholz – der auch den VdP-Vorsitz der Pfalz innehat – arbeitet mit Maischestandzeiten und benutzt in der Regel zwei Drittel neues Holz. Interessant ist, dass der Chardonnay deutlich mehr Holz verträgt als zum Beispiel der Weißburgunder. Die großen Jahrgänge fressen das Holz förmlich auf. Im Laufe der Jahre hat Rebholz das Toasting der Fässer verringert, die Weine sind deshalb insgesamt eleganter und mineralischer geworden. Außergewöhnlich ist, dass Hansjörg Rebholz noch über eine vollständige Vertikale aller seiner Chardonnays verfügt. Diese Vielfalt hegt und pflegt er sorgfältig, denn sie gibt ihm die einmalige Chance, die Weine auch im Alter zu begleiten und somit die spannende Entwicklung zu studieren.

Auch der 1999er zeigt Stil und Klasse. Ich habe ihn ausgesucht, weil er neben seiner Kraft auch eine erstaunliche Eleganz besitzt und bereits eine wunderbare Entwicklung zeigt. Schon die feine, leicht reife Nase mit Anklängen von Grapefruit, Birne und Haselnüssen macht Appetit. Dazu kommen zart buttrige, cremige Noten, etwas Vanille und dezente Röstaromen. Der feine Schmelz deutet auf die Eleganz und Vielschichtigkeit dieses Weines hin. Trotz dieser leicht reifen Nase präsentiert sich der Wein am Gaumen erstaunlich frisch und jugendlich, die Fruchtaromen drängen sich in den Vordergrund, Grapefruit, Birne, Quitte sind präsent und werden von einer stabilen Säure gestützt. Ein ausgesprochen komplexer Wein mit unglaublichem Potenzial. Diesen Chardonnay deshalb unbedingt in einem bauchigen Burgunderglas servieren und entsprechend vorher dekantieren, damit der Wein ausreichend Sauerstoff bekommt und sich entsprechend entfalten kann.

Und jetzt das Ganze mit Maultaschen: Eine ideale Kombination, weil die einzelnen Aromen des Gerichtes sich im Wein wieder finden: die leicht erdigen Röstaromen der Steinpilze, die dezent hervortretenden kräutrigen Noten aus der Füllung, dazu Kerbel und Thymian. Der bissfeste Nudelteig bildet die wichtige Pufferzone für die Säure und die jugendlichen Aromen des Weines. Unterstrichen und vereint wird das Gericht von einer sämigen Rahmsauce, die die Röstaromen und die Fülle der gehaltvollen Sahne wunderbar vereint. Chardonnay im Barrique ausgebaut verträgt – wenn er über ausreichend Extrakte verfügt – eine ganze Menge Fett, Sahne, Butter und kräftige, würzige Aromen. Wichtig dabei ist jedoch, dass er gleichzeitig über ausreichend Säure und Vielschichtigkeit verfügt, um mit solchen mächtigen Gerichten die Balance zu halten. Denn Weine, die zum Essen gereicht werden, benötigen eine deutliche Säurestruktur. Ein Grund, warum manche Weine aus der Neuen Welt zwar in der Nase und im Geschmack brillieren, aber in der Kombination mit Speisen matt, unbeweglich und leblos erscheinen. Sie haben mangels Säure dem Fett nichts entgegenzusetzen.

PINOT NOIR / SPÄTBURGUNDER

Himbeere, Erdbeere, Brombeere, Zedernholz, Nelken, Muskat, Schwarzer Pfeffer, Toastbrot

Immer wieder faszinierend, aber auch launisch und schwer zu durchschauen: der Spätburgunder. Er zählt zu den ältesten Kulturreben der Menschheit, wahrscheinlich wurde er bereits vor 2000 Jahren aus Wildreben selektioniert. Trotz seines Alters gehört Pinot noir nicht zu den omnipräsenten Rebsorten; er macht sich rar, ist kapriziös, verlangt viel Aufmerksamkeit und stellt Anforderungen – vor allem an Boden und Kellertechnik. Beides zusammen ist für den Winzer eine Herausforderung. Der Pinot noir treibt früh aus und ist damit besonders frostgefährdet. Feuchte, kühle Flachlagen sind also für den Pinot-noir-Anbau weniger geeignet, obwohl die Rebsorte kühle Klimazonen bevorzugt. In den heißeren Anbauregionen zeigt der Spätburgunder immer wieder Schwächen. Mit schnell zunehmender Reife verliert er spürbar an Aroma und Säure und büßt damit einen Wesenszug seines Charmes und Charakters ein. Hinzu kommt, dass der Pinot noir besonders zu Mutationen wie Pinot blanc, Pinot gris und Pinot Meunier neigt. Er ist also durchaus ein schwieriger Geselle.

Dennoch übt gerade diese Rebsorte – deren kultivierte Ursprünge im Burgund liegen – eine besondere Faszination auf Winzer und Verbraucher aus. Ein Pinot noir im Glas ist immer etwas Besonderes. Allen Spätburgundern gemeinsam ist eine charmante, elegante Fruchtigkeit und in der Regel ein gegenüber anderen großen französischen Rebsorten vergleichsweise geringerer Gehalt an Tanninen und Pigmenten. Pinot-noir-Weine sind heller als Rotweine aus südlicheren Gefilden. Seine besten Ergebnisse erzielt der Pinot noir im Allgemeinen auf Kalkstein- und Mergelböden, die berühmtesten Weine kommen aus dem Burgund und tragen die Namen Chambertin, Musigny, Pommard und Volnay. Die Weine zeigen ein klares Burgunderrot, erinnern im Bukett an Kirschen, Erdbeeren und schwarzen Pfeffer. Sie verfügen über eine fruchtige, meist kräftige Säure, eine feste, sehr gradlinige Struktur und sind in der Regel viel weniger zugänglich als Cabernet & Co.

In der Champagne nutzen die Winzer den Pinot noir – wie könnte es anders sein – fast ausschließlich zur Champagnerproduktion. Denn die Rebsorte bringt Körper und Langlebigkeit in die Cuvées. Im Elsass ist Pinot noir die einzige Rotweinsorte, wenngleich die Ergebnisse nicht an echte Burgunder herankommen. In Deutschland ist die Anbaufläche für Spätburgunder in den letzten Jahren deutlich gewachsen. Ambitionierte Winzer haben mit Hilfe von Ertragsreduzierung, längeren Maischezeiten und einem gekonnten Ausbau in kleinen Barrique-Fässern auch die deutschen Spätburgunder in die Rangliste der besten Rotweine geschoben.

Allein die Neue Welt tut sich schwer mit Pinot noir. Nur in den kühleren Regionen wie etwa in Caneros, Kalifornien, gibt es nennenswerte Anbauflächen, ansonsten sind es – gegenüber den roten »Global Playern« aus dem Bordelais – verschwindend geringe Mengen an Pinot noir, die in Übersee produziert werden. Zu erwähnen ist sicherlich Hamilton-Russel in Südafrika, der überzeugende Qualitäten aus seinen Pinot-noir-Reben herausholt.

Spätburgunder-Mystik

Keine andere Rebsorte hat in den letzten Jahren unter den deutschen Weintrinkern an Beliebtheit einen solchen Aufschwung erlebt wie der Spätburgunder, der weltweit unter dem Namen Pinot noir bekannt ist. Seine Geschichte in Deutschland beginnt mit den Zisterziensern, die von Burgund aus ein Netz an Klöstern über das mittelalterliche Europa spannten. Im Gepäck immer mit dabei: Pinot noir, nicht nur wirtschaftlicher Grundstock für viele Klöster, sondern auch Symbolik für die christliche Mythologie des Abendmahles mit dem Blut Christi. Dass der Spätburgunder Jahrhunderte später anderen Rebsorten das Feld überlassen musste, nur in Nischen überleben konnte, hat verschiedene Gründe. Aber noch heute stehen viele dieser deutschen »Spätburgunder-Inseln« im historischen Zusammenhang mit einem Kloster.

Sein neuerlicher Aufschwung in Deutschland hängt eng mit der Studie »Rotwein ist gesund« zusammen, die Anfang der 90er Jahre für Aufsehen sorgte und einen wahren Rotweinboom auslöste. Und was der Verbraucher forderte, fand sich in den vielen Neuanpflanzungen von Spätburgunder-Weinbergen wieder. Die Versuche waren und sind nicht immer von Erfolg gekrönt.

Für das Burgund, dessen Weinbergzerstückelung auf die Zerschlagung der klösterlichen Besitzungen nach der Französischen Revolution zurückgeht, hat der Pinot noir dagegen eine geradezu mystische Ausstrahlung. Er ist ein Spiegelbild der Weinwelt der Zisterzienser und damit die Grundlage der großen Weintradition in der ehemals reichsten Provinz Frankreichs. Ihrer Idee, sich dem Chaos der Welt zu entziehen, in ihren abseits gelegenen Klöstern Ruhe und damit Stabilität zu finden, haben sie auch ihre Weinphilosophie unterworfen. Die hohe Pflanzdichte ihrer Weinberge lässt bis heute die Reben in der Tiefe wurzeln, dort, wo – im wahrsten Sinne des Wortes – vom überirdischen Chaos nichts zu spüren ist. Eine profunde Weinidee, die damit das Terroir in den Vordergrund stellt.

Es ist deswegen keine Geringschätzung, dass die Franzosen den Pinot noir nur als Mittel zum Zweck betrachten, ganz im Gegenteil: In der burgundischen Weintradition ist der Pinot noir das stilistische Mittel, die örtliche Geografie und vor allem das Terroir sprechen zu lassen. Die Rebsorte ist das Sprachrohr einer Landschaft, der Ausdruck eines Ortes. Nirgendwo in Frankreich hat das Terroir, welches eine Symbiose aus Bodenbeschaffenheit, Exposition, Mikroklima und Winzerhandschrift darstellt, eine größere Bedeutung als im Burgund.

Klassifizierung im Burgund

Die burgundische Qualitätspyramide und das entsprechende Bezeichnungssystem ist bis heute ein Wegweiser durch die Vielfalt der Weine. Gleich nach der Gründung des INAO (Institut National des Appellations d'Origine) im Jahre 1935 wurden im Burgund die wichtigsten Ursprungsbezeichnungen festgelegt. Berücksichtigt wurden dabei auch die seit Mitte des 19. Jahrhunderts etablierten regionalen Klassifikationen. Die burgundische Qualitätshierarchie baut sich von regionalen über kommunale bis zu den Grands-Crus-Bezeichnungen auf. In den Statuten der kontrollierten Ursprungsbezeichnung AOC (Appellation d'Origine Controlée) sind heute folgende Faktoren festgeschrieben: die Rebsorten, die traditionellen Anbautechniken, der Mindest- und Höchstalkoholgehalt sowie die regionstypische Wein-Stilistik.

Die einfachste regionale AOC heißt wie das Anbaugebiet »Bourgogne«. Alle Weiß- und Rotweine, die in Burgund aus heimischen Trauben gekeltert wurden, haben ein Anrecht auf diese Bezeichnung. Die »AOC Bourgogne« kann durch Bezeichnungen ergänzt werden, die mit zusätzlichen Auflagen verbunden sind. Zum Beispiel muss ein Bourgogne Aligoté sortenrein aus der Weißweintraube Aligoté gekeltert sein. Der Rotwein »Bourgogne passe-tout-grain« darf aus maximal zwei Dritteln Gamay und minimal einem Drittel Pinot noir gemeinsam gekeltert werden. Neben den wichtigsten Rebsorten des Burgund – Chardonnay und Pinot noir – sind Aligoté, Gamay und ein klein wenig Sauvignon blanc de St. Bris jedoch die einzigen Ausnahmen.

Weine, die eine regionale Herkunft auf dem Etikett tragen, unterliegen zusätzlichen Anforderungen. Die kommunale AOC (Appellation Villages) steht für eine Typizität, die mit einer bestimmten Weinbaugemeinde verbunden ist. Wird zusätzlich der Name eines Weinberges genannt, muss der betreffende Wein zu hundert Prozent aus diesem stammen. Das gilt erst recht für Weine aus Einzellagen, die zusätzlich das Prädikat Premier Cru tragen.

Die AOC Grand Cru ist die höchste Kategorie und nur allerbesten Weinbergen der Côte d'Or, genauer gesagt 32 Lagen, sowie sieben Lagen im Chablis vorbehalten. Für Grands Crus gelten noch strengere Begrenzungen beim Ertrag pro Hektar. Ihr Anteil macht nur 2 Prozent der gesamten Weinbergsflächen im Burgund aus.

Geschmorter Ochsenschwanz mit Spätburgundersauce

2 kg Ochsenschwanz
Salz und Pfeffer
Butterschmalz oder
Öl zum Braten
2 Zwiebeln
1 Knollensellerie
5 Möhren
1 Zweig Rosmarin
1 Zweig Thymian
2 EL Tomatenmark
1 l Spätburgunder
1 Lorbeerblatt
2 Wacholderbeeren
1 EL weiße Pfefferkörner
2 Knoblauchzehen
1 Bund Petersilie
Rotweinessig
1 Schweinenetz (kann man
beim Metzger nach
Vorbestellung kaufen)

Spätburgundersauce
2 Schalotten
Öl zum Braten
100 ml Spätburgunder
Salz, Pfeffer
und etwas Zucker
etwas Speisestärke

Bohnengemüse
100 g Kenyabohnen
20 g Butter
30 g Schalottenwürfel
Salz, Pfeffer, Muskat

Kartoffel-Sellerie-Püree
400 g weich kochende Kartoffeln
50 ml Milch
50 ml Sahne
Salz, Pfeffer und Muskat
400 g Knollensellerie
250 ml Sahne
Salz, Pfeffer und Muskat

Den Ochsenschwanz salzen, pfeffern und in einer Pfanne mit Fett anbraten. In einem Topf die grob gewürfelten Zwiebeln, Sellerie, Möhren und Kräuter anschwitzen, das Tomatenmark einrühren, mit Rotwein ablöschen und einkochen lassen. Anschließend den Ochsenschwanz und die Gewürze dazugeben und das Ganze mit Wasser auffüllen, bis der Ochsenschwanz komplett bedeckt ist. Auf kleiner Flamme schmoren lassen, bis das Fleisch von den Knochen fällt. Das Fleisch herausnehmen und abkühlen lassen, den Schmorfond durch ein Sieb passieren und abschmecken.

Das Fleisch vom Knochen ablösen und mit der gehackten Petersilie, etwas Schmorfond, Salz, Pfeffer und einem Schuss Essig vermischen. Anschließend mit dem Schweinenetz eine Ringform von 5 cm Durchmesser auslegen, mit dem Ochsenschwanzfleisch füllen und mit dem überlappenden Schweinenetz verschließen, die Reste abschneiden. Über Nacht kühl stellen, damit das Fleisch fest werden kann. Danach aus der Form heraus nehmen, in Scheiben schneiden, kurz anbraten und für 8 bis 12 Minuten in den auf 180 °C vorgeheizten Ofen schieben.

Spätburgundersauce

Die gewürfelten Schalotten in einer Pfanne mit etwas Öl anschwitzen und mit Spätburgunder ablöschen. Die Flüssigkeit reduzieren und mit dem Schmorfond auffüllen. Mit Salz, Pfeffer und nach Gusto Zucker abschmecken und mit Speisestärke binden.

Bohnengemüse

Kenyabohnen putzen, in 1 cm große Stücke schneiden und blanchieren. Die Butter in einer Pfanne zerlassen, die Schalotten hinzugeben und glasig dünsten. Dann die Bohnen hinzugeben und mit Salz, Pfeffer und Muskat abschmecken.

Kartoffel-Sellerie-Püree

Kartoffeln mit Schale kochen, schälen und durch die Kartoffelpresse drücken. Danach Milch und Sahne mit Salz, Pfeffer und Muskat würzen und aufkochen. Die Flüssigkeit unter die Kartoffelmasse rühren, diese anschließend durch ein Sieb streichen. Sellerie schälen und in feine Würfel schneiden und danach in Sahne einkochen. Die Masse durch ein Haarsieb streichen und unter das Püree heben. Mit Salz, Pfeffer und Muskat abschmecken.
Bohnen in der Mitte des Tellers anrichten, darauf Ochsenschwanz und Püree herum anrichten. Die Sauce auf dem Ochsenschwanz verteilen.

Tipp: Kurz vor dem Servieren die Sauce mit Spätburgunder, der auch zu diesem Gericht gereicht werden soll, abschmecken.

Der passende Wein zum Ochsenschwanz

2001 Spätburgunder Alte Reben
Jean Stodden
Rech, Ahr

Gerhard Stodden ist Urgestein, ein Winzer wie aus dem Bilderbuch. Und er ist einer der renommiertesten Rotweinwinzer, die Deutschland zu bieten hat. Lange Zeit wurde seine Idee des gerbstoffreichen Spätburgundertyps vielleicht etwas verkannt, aber zunehmend gewinnen seine Weine auch die Anerkennung der »Fruchtfraktion«. Seine Weine benötigen Zeit und sind in der Jugend oft recht schwierig, weil wenig zugänglich. Stodden entrappt seine Trauben und verlängert die Maischegärung, um genügend Substanz und Farbe aus den Schalen zu ziehen. Denn kräftiges Rot ist gefragt. Lange Zeit haben die Gastronomen vor allem französische Burgunder gekauft, weil sie kraftvoller und – durch den Holzeinsatz – vielschichtiger erschienen und damit einfach besser zum Essen passen. So wurde gezwungenermaßen eine überaus positive Entwicklung in Gang gesetzt, und der einstmals helle Ahr-Spätburgunder bekam Farbe ins Gesicht. Für seine im Barrique gelagerten Weine lässt sich Stodden Zeit. Die Gewächse mit dem Kürzel »JS« werden erst ein Jahr nach der Ernte abgefüllt.

Den 2001 Spätburgunder »JS« Alte Reben haben wir in Magnums eingekellert und ihn entsprechend vor dem Trinkgenuss dekantiert. Die Entwicklung in Magnum-Flaschen vollzieht sich deutlich langsamer als in kleinen Flaschen und bietet eine ideale Möglichkeit, Weine über eine längere Zeit optimal zu lagern. Bei der ersten Verkostung erscheint der Wein sehr verschlossen, fast ein wenig vom Holz und den Gerbstoffen dominiert. Erst auf den zweiten und dritten Schluck öffnet sich die exzellente Komplexität, der feine Biss und die Finesse der delikaten Sauerkirscharomen. Kräftige, aber gut eingebundene Tannine geben dem Spätburgunder das nötige Rückgrat und werden ihn wunderbar reifen lassen. Mit diesem Wein muss man sich ohne Zweifel ein wenig intensiver beschäftigen, aber keine Sorge, er gibt die ihm entgegengebrachte Geduld in einem sehr facettenreichen Geschmacksbild zurück. Die Wurzeln der alten Reben wachsen bis »in die Hölle«, wie Jean Stodden behauptet. Jedenfalls nehmen sie eine Menge Mineralstoffe auf und trotz der geringen Humusauflage – der Spätburgunder steht im Herrenberg auf dünnen Schieferböden – wird die Rebe entsprechend versorgt. Von einem solchen Wein gibt es leider nur Mini-Erträge. Das sieht Jean Stodden mit einem lachenden und einem weinenden Auge, freut er sich doch über diese unglaubliche Qualität. Denn ein Spätburgunder dieser Kernigkeit und Komplexität ist der ideale Begleiter für geschmorte Gerichte, in unserem Fall der delikate Ochsenschwanz mit dem erdigen Kartoffel-Sellerie-Püree und den knackigen Schnippelbohnen. Das nach dem Schmoren leicht süßliche Fleisch ergänzt sich perfekt mit dem charaktervollen, kräftigen und trotzdem facettenreichen Wein.

LEMBERGER / BLAUFRÄNKISCH

Banane, Himbeere, Brombeere, Blaubeere, Minze, Zedernholz, Feige, Zimt

Der Bundesstaat Washington und Deutschland haben eines gemeinsam: Beide verwenden für die österreichische Rebsorte Blaufränkisch den Namen Lemberger. So weit, so gut. Den Österreichern kann es egal sein, denn Blaufränkisch oder Lemberger ist so oder so eine der meistangebauten roten Rebsorten in den Weingärten der Alpenrepublik.

Der ertragsstarke Lemberger treibt zwar früh aus, dafür wird er aber erst spät reif und eignet sich dadurch fast ausschließlich für den Anbau in relativ warmen Gefilden. Stimmen die Rahmenbedingungen, bringt er bei sorgfältigem Ausbau Weine von fester Struktur und Charakter mit einem stabilen, meist kräftigen Säuregerüst. Vor allem im Burgenland findet man den Lemberger. Hier wächst er an den Ufern des Neusiedlersees, und zwar auf beiden Seiten. Viele Winzer nutzen die Sorte, die über eine intensive Farbe, Tanninreichtum und eine rassige Art verfügt, im Verschnitt mit Cabernet Sauvignon oder Pinot noir, um den Weinen eine kräftigere Frucht mitzugeben. Das Gros der Lemberger wird allerdings von den österreichischen Winzern in neuen Eichenholzfässern ausgebaut.

In der deutschen Rotwein-Welt spielt der Lemberger im Gegensatz zum Spätburgunder nur eine untergeordnete Rolle. Wenige Winzer beherrschen die Kunst, den Lemberger reinsortig zu einem komplexen und facettenreichen Rotwein auszubauen. In der Pfalz bringt das Weingut Knipser alljährlich exzellente Lemberger von hoher Qualität auf die Flaschen, und in Württemberg sorgen nicht mehr nur die Spitzenwinzer Haidle, Dautel, Aldinger und Wöhrwag für erstklassige Lemberger. Auch der hoffnungsvolle Nachwuchs, wie Rainer Schnaitmann, kann mit der Rebsorte bestens umgehen und produziert qualitativ hochwertige, konzentrierte und kraftvolle Lemberger, die gekonnt im Barrique ausgebaut werden.

Aber Blaufränkisch-Hochburg ist und bleibt das österreichische Burgenland. Mittlerweile besinnt man sich dort auf die Ursprünge und versucht die Rebsorte in den Vordergrund zu stellen. Reinsortig ausgebaute Lagen-Blaufränkisch verdrängen deshalb nach und nach die Cuvées.

Flönz auf lauwarmem Kartoffelsalat
(Flönz = Kölner Name für Blutwurst)

1 l Gemüsebrühe
Salz
ganze Pfefferkörner
1 Lorbeerblatt
1 Stange Lauch
4 Mini-Blutwürste (Ringe)

Kartoffelsalat
400 g fest kochende Kartoffeln
2 Schalotten
30 ml Öl
1 EL Essig
150 ml Gemüsebrühe
Salz und Pfeffer
1 Bund Lauchzwiebeln
1 Bund Schnittlauch

Zwiebelringe
2 mittelgroße Zwiebeln
250 g Butterschmalz
Salz, Pfeffer

Senfjus
300 ml Kalbsjus
50 g Dijon-Senf
1 Spritzer kräftiger Pinot noir

Flönz

Die Gemüsebrühe mit Salz, Pfeffer und Lorbeer würzen, den grob geschnittenen Lauch dazugeben und langsam aufkochen. In der heißen, nicht kochenden Brühe die Flönz erwärmen.

Kartoffelsalat

Die Kartoffeln in der Schale kochen, danach vorsichtig pellen und in Scheiben schneiden. Die beiden Schalotten in kleine Würfel schneiden, im Öl anschwitzen und mit Essig und der Gemüsebrühe ablöschen. Das Ganze einmal aufkochen lassen und mit Salz und Pfeffer abschmecken. Anschließend die warme Marinade über die Kartoffelscheiben gießen und einige Minuten ziehen lassen. Die Lauchzwiebeln kurz vor dem Servieren in schmale Ringe schneiden und mit dem Schnittlauch unterheben.

Zwiebelringe

Die Zwiebeln in feine Ringe schneiden. Das Fett auf 130 °C erhitzen, die Zwiebelringe darin goldgelb ausbacken. Mit Salz und Pfeffer würzen.

Dijon-Senfjus

Kalbsjus aufkochen, danach vom Herd nehmen. Anschließend den Senf unterziehen, mit Wein verfeinern und nach Gusto abschmecken.

Den Kartoffelsalat in der Mitte des Tellers anhäufen. Darauf die Flönz anrichten, und die Zwiebelringe im Flönzring auftürmen. Die Sauce um den Kartoffelsalat gießen.

Der passende Wein zu Flönz auf Kartoffelsalat

2002 Blaufränkisch Kirchtal
Birgit Braunstein
Purbach, Neusiedlersee-Hügelland

Manche Menschen kommen nur auf Umwegen zu ihrem Ziel. Aber sie kommen an. So Birgit Braunstein, die 2004 zur Winzerin des Jahres in Österreich gewählt wurde. Sie ist in dem kleinen Ort Purbach auf dem elterlichen Weingut aufgewachsen. Nach der Schule drängte es sie in die Stadt zum Betriebswirtschaftsstudium, anschließend arbeitete sie bei einer Unternehmensberatung. Der Vater hatte seine Tochter für den Winzerberuf bereits abgeschrieben, als Birgit der »Weinvirus« packte und sie 1995 ins elterliche Weingut zurückkehrte. Nachdem sie jegliche verfügbare Lektüre über die verschiedenen »Gärstadien« und »Weinbereitung« gelesen hatte, übernahm sie bereits 1996 die Weinbereitung und Kellerwirtschaft im Betrieb. Seit 2001 ist sie für das gesamte Weingut – immerhin gut 20 Hektar – verantwortlich. Blaufränkisch ist nach wie vor die wichtigste Rebsorte; mehr als ein Viertel ist mit dieser Rebsorte bestockt.

Der 2002er Kirchtal ist ein voluminöser, dichter, im Holz ausgebauter Blaufränkisch mit deutlichen Röstaromen, Anklängen von Brombeeren, Blaubeeren, dem berühmten Zigarrenkisten-Duft, einem Touch Vanille und Zedernholz. Im ersten Moment scheint der Wein ein wenig vom Holz dominiert. Doch dieser Gedanke verschwindet sofort, wenn man diesen kompakten, konzentrierten, noch sehr verschlossenen Wein auf sich wirken lässt.

Die Lage Kirchtal in Kleinhöflein bei Eisenstadt ist der älteste Rebgarten im Weingut von Birgit Braunstein. Das Durchschnittsalter der Reben liegt bei 80 Jahren, der jüngste Rebstock ist 70 Jahre alt. Das ist des Rätsels Lösung für die unglaubliche Konzentration dieses Weines. Zum jetzigen Zeitpunkt einfach ein sehr junger Wein, der Entwicklung braucht und im Laufe der Jahre harmonischer werden wird. Aber in unserem Fall ausgezeichnet für die Flönz, die »kölsche« Version der Blutwurst, die unser Metzger leicht angeräuchert hat, und die deshalb ein idealer Partner für junge, verschlossene, noch leicht tanninlastige Weine ist. Der Kartoffelsalat wird lauwarm mit Brühe angemacht, so umschließt er die verschiedenen, leicht aggressiven, zwiebelig-würzigen Aromen. Den Kick allerdings bieten die gebratenen Zwiebelringe, die Süße und in diesem Fall Harmonie transportieren.

SANGIOVESE

Brombeere, Himbeere, dunkle Schokolade, Zedernholz, Kaffee, Kirsche, Lakritz, Wacholder, Heu, Vanille, Bleistift

Italiens meistangebaute Rotweinsorte stammt wohl aus der Toskana, und man munkelt, dass bereits die Etrusker den Sangiovese genossen haben. Die Rebsorte passt sich leicht den unterschiedlichen Böden an; die besten Weine mit eleganten, kräftigen Aromen wachsen allerdings auf kalkhaltigem Terrain. Sangiovese bringt die unterschiedlichsten Qualitäten hervor, vom einfachen Zechwein bis zum international renommierten Spitzengewächs. In seinen verschiedenen Klonvarianten – Brunello, Prugnolo, Gentile und Morellino – ist die Rebsorte vor allem das Gerüst der feinen Rotweine der Toskana. Sie ist auch als einzige Traube für den berühmten »Brunello di Montalcino« zugelassen und bildet die Grundlage für Chianti, Vino Nobile und die meisten der »Supertoskaner«. Eine wesentliche Eigenschaft des Sangiovese ist seine langsame und späte Reife – die Lese beginnt meist erst Anfang bis Mitte Oktober. Das wiederum stellt die Winzer vor Probleme. In warmen Jahren ergibt der Sangiovese zwar füllige, alkoholstarke und langlebige Weine, in kühleren Jahren allerdings reagiert die Sorte mit einer überzogenen Säure und harten Tanninen. Zu hohe Erträge betonen vor allem den Säuregehalt und führen zu dünnen, sauren Weinen, die manchmal schon in jungen Jahren zur Oxidation neigen. In der Toskana wird der Sangiovese heute fast überall mit einem Anteil – bis zu 15 Prozent – Cabernet Sauvignon und Merlot verschnitten, damit der Wein mehr Fülle in die durchaus feste Struktur bekommt.

Im Süden Italiens wird Sangiovese ebenfalls angebaut, aber meist in Verschnitten mit Lokalrebsorten verwendet. Außerhalb Italiens spielt die Rebsorte nur eine untergeordnete Rolle, nur in Argentinien bringt es der Sangiovese auf mehrere tausend Hektar Anbaufläche, und auch im Napa Valley findet man einige Erzeuger, die sich mehr oder weniger erfolgreich dieser Rebsorte angenommen haben.

Alles super

Den Begriff »Supertoskaner«, der zuerst in England und Amerika auftauchte, haben die italienischen Winzer mit sicherem Gespür für Marketing selbst zum Programm gemacht und nutzen ihn als Synonym für toskanische Rotweine, die zuvor ein Dasein außerhalb aller Regeln fristeten. Man mag es kaum glauben, aber fast hätte das restriktive italienische Weingesetz das traditionsreiche Weinland aus dem internationalen Rennen geworfen. In den 1970er Jahren, als die Franzosen in Bordeaux aufrüsteten, aber auch die Neue Welt in Australien und vor allem in Kalifornien enorme Forschritte in Sachen Qualität, Kellertechnik und neuen Weinstilen machte, drohten Entwicklung und Verbrauchergeschmack an Italien vorüberzugehen. Zu sehr waren die Winzer in Traditionen verhaftet, als dass sie dem Qualitätsaufbruch etwas Vergleichbares hätten entgegensetzen können.
Erst eine Gruppe von ambitionierten Weinmachern unter der Führung von Piero Antinori setzte auf eine moderne Stilistik, ersetzte alte Holzfässer durch kleine Barriques und pflanzte neben dem klassischen Sangiovese auch »Global Player« wie Merlot, Cabernet Sauvignon, Pinot noir und Syrah. Da jedoch die DOC diese Neuerungen verbot und auch nicht unter das bestehende Gesetz einordnen konnte, waren die Winzer gezwungen, ihre Weine als einfache »Vino da Tavola« – Tafelweine – auf den Markt zubringen. Eine ungewohnte italienische Untertreibung, die sich jedoch rasch ins Gegenteil umkehren sollte. Denn die »einfachen« Tafelweine wurden vom Verbraucher schnell als »Supertoskaner« bezeichnet und hatten einen sensationellen Erfolg. Nicht nur in Italien, sondern weit über die Grenzen des Landes hinaus. Italien meldete sich mit diesen Gewächsen, die plötzlich an die Spitze der heimischen Weine gerückt waren, zurück in die Oberliga der Weinbauländer. Und sie erzielten auch ohne offizielle Qualitätsbescheinigung Preise, die weit über denen eines Chianti DOCG lag.

Die meisten der »Supertoskaner« basieren auf Sangiovese, Cabernet Sauvignon und Merlot, bei einigen wenigen Weinen ist noch ein Schuss der einheimischen Rebsorten Colorino, Canbaiolo oder Malvasia nero mit dabei. Es gibt aber auch reinsortige Weine aus Merlot und Cabernet.

Die große Gefahr – bei allem Erfolg der »Supertoskaner« – besteht allerdings darin, dass die Winzer Wein wie Modedesigner »kreieren«, sich internationaler Rebsorten bedienen und dabei die ursprünglichen Wurzeln der Toskana vergessen. Die designten Weine sind sicherlich im oberen Qualitätsniveau angesiedelt, kosten oftmals ein kleines Vermögen und haben natürlich gerade dadurch die Aufmerksamkeit der Presse. Aber sie schmecken dabei immer etwas heimatlos, man könnte fast sagen »terroirlos«. Glücklicherweise setzen sich bereits einige toskanische Winzer mit dieser Problematik intensiv auseinander, verringern die Anteile der internationalen Rebsorten und arbeiten an einer dringend notwendigen Rückbesinnung und Identifikation auf authentische und damit auch unverwechselbare Toskana-Weine.

Berühmte Supertoskaner:

Sassicaia: Cabernet Sauvignon
Tignanello: Sangiovese / Cabernet Sauvignon / Merlot
Ornellaia: Cabernet Sauvignon / Merlot / Cabernet franc
Solaia: Cabernet Sauvignon
Masseto: Merlot / Solengo / Sangiovese / Cabernet Sauvignon

Desiderio: Cabernet Sauvignon / Merlot
Magari: Merlot / Cabernet Sauvignon / Cabernet franc

Le Stanze: Cabernet Sauvignon

Siepi: Sangiovese / Merlot
Casalferro: Sangiovese / Cabernet Sauvignon
Caberlot: natürliche Mutation von Cabernet Sauvignon und Merlot

Involtini vom Kalb, gefüllt mit Tomaten, Ricotta und Salbei, dazu Balsamico-Jus und Kartoffelwürfel

640 g pariertes
Kalbsfleisch vom Rücken
200 g Ricotta
8 Salbeiblätter
2 Tomaten
Salz und Pfeffer
Öl zum Braten

Kartoffelwürfel
4 große fest kochende Kartoffeln
20 ml Olivenöl
1 Zweig Rosmarin
1 Zweig Thymian
10 g Meersalz

Balsamico-Jus
50 ml dunkler Balsamico
200 ml Kalbsjus
20 g kalte Butter
1 Zweig Salbei

Ofentomate
1 Rispe mit Kirschtomaten
etwas Olivenöl
½ Knoblauchzehe
1 kleiner Zweig Thymian

Den Kalbsrücken in 8 Stücke zu jeweils 80 g portionieren. Unter einer Folie – damit die Fasern des Fleisches nicht reißen – die einzelnen Stücke plattieren. Die Ricotta in kleine Würfel, den Salbei in feine Streifen schneiden. Von den Tomaten den Strunk entfernen und sie auf der Rückseite kreuzförmig leicht einschneiden.

Danach die Tomaten im kochenden Wasser blanchieren, herausnehmen und unter kaltem Wasser abschrecken. Jetzt vorsichtig die Haut abziehen, mit einem scharfen Messer die Tomaten vierteln, entkernen und in feine Scheiben schneiden.

Danach Tomaten, Ricotta und Salbei vorsichtig vermischen und mit Salz und Pfeffer abschmecken. Jetzt die Füllung auf die plattierten Kalbsstücke geben, an den Seiten einschlagen und vorsichtig zusammenrollen. Die Rouladen (Involtini) mit Salz und Pfeffer würzen und anschließend in heißem Öl scharf anbraten. Danach auf einem Ofengitter zirka 5 Minuten im vorgeheizten Ofen bei 180 °C garen lassen.

Kartoffelwürfel

Die Kartoffeln schälen, in mittelgroße Würfel schneiden und auf ein Backblech legen. Die Würfel mit Olivenöl bestreichen und mit Rosmarin, Thymian und Meersalz bestreuen. Die Kartoffeln zirka 20 bis 25 Minuten im vorgeheizten Ofen bei 160 °C garen.

Balsamico-Jus

Den Balsamico auf die Hälfte einreduzieren, mit der Kalbsjus auffüllen und mit der kalten Butter montieren, abschmecken.

Ofentomate

Eine Rispe mit mehreren kleinen Tomaten mit Olivenöl bepinseln, mit Knoblauchzehe und Thymianzweig in eine feuerfeste Form geben und im vorgeheizten Ofen ca. 5 Minuten erhitzen bis die Haut der kleinen Tomaten aufplatzt.

Eines der zwei Kalbsröllchen mit einem Schrägschnitt halbieren. Pro Person die beiden Involtini-Hälften mit je einem ganzen Röllchen auf einem Teller platzieren. Die Kartoffelwürfel in ein kleines Porzellanschälchen füllen und mit auf den Teller stellen. Involtini mit der Balsamico-Jus nappieren, mit frischem Salbei und einer Ofentomate dekorieren.

Der passende Wein zu den Involtini

1988 Le Pergole Torte
Fattoria die Montevertine
Sergio Manetti, Radda in Chianti

Hinter dem Weingut verbirgt sich eine faszinierende Geschichte. Denn eigentlich suchte der Stahlindustrielle Sergio Manetti in den Hügeln um Radda ein Feriendomizil. Daraus entwickelt hat sich in nur 30 Jahren eines der berühmtesten Weingüter der Toskana. Montevertine hat Kultstatus, die Weine sind rar und gesucht. Vielleicht, weil gerade nicht alles Chianti ist, was Chianti heißt. Manetti hatte durchaus seine eigenen Vorstellungen vom echten Chianti, weshalb er auch bereits 1985 aus dem Chianti-Konsortium ausgetreten ist. Weil er gegen den damals noch vorgeschriebenen Weißweinanteil war, erzeugte er einen ganz eigenen »Supertoskaner«. Manetti wollte Sangiovese pur, keine »fremden« Rebsorten, nur geringe Erträge, nur organische Düngung, keine Spritzmittel und keine Filtration der Rotweine. Was heute wieder modern wird, praktiziert Manetti auf Montevertine bereits seit 30 Jahren. War Manetti ein Traditionalist? Auf alle Fälle nicht, was die Frage des Holzfass-Ausbaus anging. Le Pergole Torte, ein zu 100 Prozent aus streng selektierten Sangiovese-Trauben bestehender Wein, war einer der ersten italienischen Barrique-Weine überhaupt. Sergio Manetti hat sicherlich sehr unbequem gedacht, aber eben auch viel bewegt, war er doch in vielerlei Hinsicht ein Visionär.

Heute ist sein Schwiegersohn Klaus Reimitz für die Weine verantwortlich, der vor vielen Jahren in der Weinvision von Manetti eine Art Seelenverwandtschaft gefunden hat. Der 1988er Le Pergole Torte zeigt einen ganz zarten Duft nach gereiften Feigen, getrockneten Pflaumen, ein wenig Zedernholz mit Karamellnoten, Liebstöckl, Majoran und Kräutern. Die feine Säure bringt dazu Finesse ins Spiel. Der Wein, der zu 100 Prozent aus Sangiovese besteht und immerhin schon älter als 16 Jahre ist, präsentiert sich trotzdem noch elegant und vielschichtig. Eben gerade nicht protzig und kraftvoll, sondern vornehm zurückhaltend und hervorragend gereift. Damit ist er aber auch nicht einfach zu kombinieren. Denn auf die versteckte Säure der Tomaten, den fetthaltigen Ricotta und die süßliche Stärke der Kartoffeln reagiert der Wein gar nicht freundlich. Das Bindeglied ist bei diesem Gericht ganz deutlich die Sauce. Die lang eingekochte, weiche, leicht süßlich karamellige, mit Butter aufmontierte Jus verbindet die restlichen Komponenten dieses Gerichtes mit dem Wein.

Das zeigt wieder einmal ganz deutlich, dass keinesfalls das Fleisch oder der Fisch entscheidend sind, sondern vielmehr die Sauce den Wein-Partner bestimmt. Wenn die beiden Komponenten zusammenpassen, hat der Genuss gewonnen. Denn das gebratene Fleisch der Involtini passt alleine wunderbar zu diesem Wein. Röstaromen und Kurzgebratenes ergänzen sich fast immer. Schwierig wird es durch die Füllung: Tomaten haben viel Säure, und Ricotta liefert das gegensätzliche Fett. Die Kartoffeln, die bei vielen Gerichten als Puffer dienen, sind hier geschmacklich kontrastierend, weil sie in Olivenöl gebraten sind und die Stärke der Kartoffeln sich zusätzlich süß auswirkt.

Kaninchenkeule mit Oliven, jungem Knoblauch, Rucola und Tomaten auf Safranrisotto

Kaninchenkeulen

4 Kaninchenkeulen
Salz, Pfeffer
Olivenöl
1 Zwiebel, 4 Möhren, 1 Sellerieknolle
1 EL Tomatenmark
100 ml Rotwein
2 Zehen junger Knoblauch
1 Zweig Thymian, 1 Zweig Rosmarin

Die Kaninchenkeulen salzen, pfeffern und in Olivenöl scharf anbraten. Anschließend die Keulen herausnehmen und das gewürfelte Gemüse rösten. Tomatenmark einrühren und mit Rotwein ablöschen. Das Ganze reduzieren lassen. Danach mit Salz, Pfeffer, Knoblauch, Thymian, Rosmarin würzen und etwas Wasser dazugeben. Jetzt die Keulen einlegen und den Topf mit Wasser auffüllen, bis die Keulen bedeckt sind. Zirka 40 Minuten köcheln lassen.

Oliven-Rucola-Tomaten-Ragout

Oliven-Rucola-Tomaten-Ragout
120 g Oliven
120 g Rucola
80 g Tomaten
Olivenöl, Salz, Pfeffer

Oliven und Rucola klein schneiden, die Tomaten blanchieren, häuten, entkernen und würfeln. Die Oliven in heißem Öl anschwitzen, den Rucola dazugeben, danach die Tomatenwürfel. Mit Salz und Pfeffer abschmecken.

Safranrisotto

Safranrisotto
2 Schalotten
20 g Butter
200 g Risottoreis
600 ml Rinderbrühe
1 g Safran
1 Knoblauchzehe, 1 Bund Rosmarin
50 ml Weißwein
Salz
2 TL Butter
30 g Parmesan

Schalotten schälen, klein würfeln und in Butter glasig anschwitzen. Danach den Risottoreis dazugeben, anschwitzen und mit Weißwein ablöschen. Knoblauch und Rosmarin dazugeben und mit etwas Salz abschmecken. Den Fond mit Rinderbrühe auffüllen, bis der Reis bedeckt ist. Danach den Safran dazugeben und kochen lassen. Zur Verfeinerung etwas Butter und den Parmesan unterrühren.

Den Risotto auf dem Teller gleichmäßig verteilen. Darauf eine geschmorte Kaninchenkeule setzen. Das Rucola-Tomaten-Oliven-Ragout auf die Keule platzieren und die Kaninchenkeule leicht mit der Schmorsauce überglänzen. Den geschmorten Knoblauch als Garnitur verwenden.

Der passende Wein zur Kaninchenkeule

1999 Castello di Brolio
Chianti Classico
Barone Ricasoli
Gaiole in Chianti, Toskana

Ein echter Klassiker. Seit 1141 befindet sich das Schloss von Brolio im Besitz der Barone Ricasoli, und es war schon immer einer der Hauptschauplätze für die Erfolgsgeschichte des Chianti Classico. Mit seiner recht umfangreichen Produktpalette gehört das historische Weinhaus heute auf dem internationalen Parkett zu den besten Botschaftern seiner Heimat. Der Chianti Classico Castello di Brolio zählt neben dem »Supertuscan« Cuvée Casalferro (Sangiovese und Cabernet Sauvignon) zweifellos zu den Flaggschiffen des Weinhauses und besteht im Jahrgang 1999 zu 100 Prozent aus Sangiovese. Francesco Ricasoli konzentriert sich sowohl in der Anlage seiner Rebberge als auch bei den Cuvées bewusst auf die einheimische Rebsorte Sangiovese und den Ausdruck des Terroirs. Die DOCG-Vorschrift schreibt für den Chianti Classico mindestens 80 Prozent Sangiovese vor und erlaubt den Einsatz von 20 Prozent nicht einheimischen Rebsorten. Der Castello di Brolio ist seit 1999 kein ganz reinsortiger Sangiovese mehr; der Anteil von Merlot und Cabernet Sauvignon beschränkt sich allerdings auf maximal 5 Prozent. In diesem Weingut besinnt man sich auf die Ursprünge und belässt den Chianti Classico fast ausschließlich aus seiner Hauptrebsorte Sangiovese. Wie viele andere war man auch hier dem Irrtum erlegen, dass Cabernet Sauvignon und vor allem Merlot als Cuvéepartner den Chianti-Weinen mehr Ausdruck und Eleganz verleihen. Das Gegenteil war der Fall, die Weine wurden uniform und verloren das finessenreiche Spiel des Sangiovese. 1999 war ein großer Jahrgang und ist eigentlich noch viel zu jung für richtigen Trinkgenuss. Mit ein wenig Luft und Zeit zeigt er nach und nach seine wahre Eleganz. Deshalb unbedingt dekantieren!

Castello di Brolio riecht nach Sauerkirschen, Schokolade, Heu, Lakritze, Brombeeren, eingelegten Kirschen und Zedernholz. Er benötigt unbedingt Sauerstoff; man sollte ihn auf keinen Fall schon mit dem ersten Probeschluck endgültig bewerten. Das wäre ungerecht. Und man bringt sich selbst um den Genuss, denn er entwickelt sich im Glas und zeigt erst dann sein wahres Innenleben. Und das ist durchaus interessant, zwar zum jetzigen Zeitpunkt leicht adstringierend und zunächst deutlich von der Säure geprägt, aber geradlinig, seidig, mit sehr elegantem Aufbau und einer komplexen Länge. Um es mit den kräftigen Aromen der Oliven und des Knoblauchs aufzunehmen, braucht der Wein entsprechende Gerbstoffe, Säure und Potenzial. Der Risotto ist körnig, bissfest und leicht mit Fett unterlegt, die geschmorte Kaninchenkeule zeigt dagegen weiche, eher karamellige Aromen, Rucola und Tomaten bringen Säure, Bitterkeit und Farbe ins Spiel. Ähnlich wie beim Pinot noir hilft dem Sangiovese die feine Säurestruktur, mit solch gehaltvollen Gerichten klarzukommen. Die Oliven, die Kräuter und die vielen anderen Geschmacksträger machen es dem Wein dennoch nicht ganz einfach. Deshalb sind die Kontrapunkte im Wein und auch beim Essen so wichtig.

GRENACHE

Brombeere, Himbeere, Heidelbeere, Veilchen, Sternanis, Kirsche, Pfeffer, Schinken, Fenchel, Wacholder, Süssholz, Zedernholz, Rose, Toast, Banane

Wer weiß schon, dass Grenache die zweitmeist angebaute Rebsorte der Welt ist? Ihr Name hat nicht den stolzen Klang wie Cabernet oder Chardonnay. Aber man sollte sich nicht täuschen lassen. Hinter Grenache steckt viel Potenzial; immerhin ist die Sorte über ganz Spanien und Südfrankreich verbreitet. Und das nicht ohne Grund. Grenache ist ertragsstark und widerstandsfähig. Zwei ganz entscheidende Eigenschaften, die über Jahrhunderte die Landwirtschaft bestimmten. Und Landwirtschaft ist ein auf lange Sicht angelegtes Betätigungsfeld. So hat auch der Grenache alle Modewellen überstanden.

Ihre Ausbreitung verdankt die Rebe wahrscheinlich der Größe und Macht des Königreiches Aragón im Norden Spaniens, von wo sie sich zunächst nach Rioja und Navarra ausdehnte, dann weiter ins Roussillon und an die Rhône. Eine echte Erfolgsstory, die natürlich alle möglichen und unmöglichen Qualitäten an Weinen mit sich bringt. Die Sorte, die früh austreibt, erreicht in langen Wachstumsperioden durchaus hohe Zuckerwerte, die in den späteren Weinen deutlich spürbar sind. Grenache-Weine sind weitaus heller in der Farbe als andere Rotweinsorten, die Weine neigen früh zur Oxidation, die Qualitäten schwanken von rustikalen Zechweinen bis hin zu konzentrierten Rotweinen von internationalem Format.

Im Rioja bringt die Rebsorte im Verschnitt mit Tempranillo Weine von fester Struktur und mit Charme hervor. Im Priorato verliehen einige Visionäre dieser Rebsorte Ende der 80er Jahre neuen Glanz und schlugen damit ein völlig neues, aber sehr hochwertiges Rotweinkapitel auf. Mit der Renaissance der Rhône-Weine Ende der 1980er Jahre entdeckte auch die Neue Welt den Grenache, wenngleich er dort niemals richtig Fuß fassen konnte. Zu stark sind die Konkurrenten Shiraz, Cabernet Sauvignon und Merlot. Vor allem in Australien, wo die Rebsorte noch bis Mitte der 1960er Jahre die meistangebaute Rotweinsorte war, verlor sie zusehends an Boden. Nur wenige Winzer im Barossa Valley versuchen, dem Vorbild Châteauneuf-du-Pape nachzueifern.

Grenache-Variationen

Wer von der Rhône als Weinbaugebiet spricht, muss es genau nehmen. Denn das Einzige, was die nördliche und die südliche Rhône aus Sicht des Weinbaus verbindet, ist der Fluss. Während im engen nördlichen Rhône-Tal Syrah als einzige zugelassene Rotweinsorte in den steilen Weinbergterrassen wächst, dominiert im flachen südlichen Teil der Rhône der Grenache.

Die meisten Weine der südlichen Rhône sind Verschnitte, immer mehr wird neben dem Grenache auch Syrah angebaut, um den Weinen Langlebigkeit mitzugeben. Daneben stehen die lokalen Sorten wie Carignan, Cinsault und Mourvèdre im Anbau. Die bedeutendste Appellation Controlée an der südlichen Rhône ist Châteauneuf-du-Pape. Hier wachsen volle, würzige und körperreiche Grenache, die weltweit zu den besten ihrer Art zählen. Auch die Appellation Gigondas an der südlichen Rhône ist für ihre erstklassigen Rot- und Roséweine bekannt, die den Châteauneuf-du-Pape-Gewächsen recht ähnlich sind. Bei Rotwein darf Grenache allerdings höchstens 80 Prozent der Cuvée ausmachen, während auf Syrah und Mourvèdre mindestens 15 Prozent entfallen.

Einer der interessantesten aber auch widersprüchlichsten Grenache-Weine kommt allerdings aus dem Priorato. Kartäusermönche errichteten im 12. Jahrhundert das Priorat, nach dem auch das Anbaugebiet benannt ist. In diesem Gebiet wird heute einer der wenigen erstklassigen Weine der Welt erzeugt, der aus Garnacha (Grenache) und Cariñena (Carignan) besteht, die im übrigen Spanien und Südfrankreich bereits lange durch andere Rebsorten ersetzt worden sind. Das Alter der Rebstöcke und die geringen Erträge der mageren felsigen Schieferböden tragen zweifellos zur der enormen Konzentration dieser Weine bei.

Spanferkelkoteletts vom Grill mit Zucchini-Pimentos-Gemüse und Portwein-Jus

½ l Öl

1 Bund Rosmarin, 1 Bund Thymian

2 Knoblauchzehen

Küchengarn zum Binden

8 Spanferkelkoteletts à 100 g

Salz, Pfeffer

Koteletts

Öl, Kräuter und Knoblauch in eine Schüssel geben und die mit Kordel zusammengebundenen Koteletts darin ein bis zwei Tage einlegen. Danach aus der Marinade nehmen, mit Salz und Pfeffer würzen und auf dem Grill bei 180 bis 200 °C gar braten.

Gemüse

1 große Zucchini

2 Pimentos

50 ml Olivenöl

Salz, Pfeffer

Gemüse

Zucchini in mittelgroße Würfel schneiden. Pimentos grillen, danach die Haut abziehen und ebenfalls in mittelgroße Würfel schneiden. Anschließend Zucchiniwürfel in Olivenöl anschwitzen und im vorgeheizten Ofen bei 200 °C zirka 3 Minuten garen. Jetzt die Pimentowürfel dazugeben und abschmecken.

Portwein-Jus

2 Schalotten

etwas Butter zum Braten

100 ml Portwein

300 ml Kalbsjus

20 g kalte Butter

Salz

Portwein-Jus

Schalotten würfeln, in Butter anschwitzen, mit Portwein ablöschen und reduzieren, bis der Boden zu sehen ist. Mit Kalbsjus auffüllen und erneut zirka 2 Minuten reduzieren. Die kalte Butter hinzugeben und mit Salz abschmecken.

Der passende Wein zu den Spanferkelkoteletts

2001 Clos Mogador
Isabelle i René Barbier
Gratallops, Priorato

Bei all den Spitzenweinen, die in den vergangenen Jahren von der Iberischen Halbinsel kamen, lässt sich ohne Übertreibung behaupten, dass der Clos Mogador eines der ganz großen Gewächse Spaniens ist. 2001 ist der beste Jahrgang, den René Barbier je produziert hat. René Barbier hat mit einer Gruppe von Winzern, deren Namen heute weltbekannt sind, Mitte der 80er Jahre dem Priorat zu neuem Glanz verholfen. Alvaro Palacios, Pastrana, José Luis Pérez, Daphne Glorian und René Barbier brachten 1989 ihre erste, damals gemeinsam produzierte Cuvée auf den Markt. Die Erfahrung von René Barbier im Umgang mit seinen Weinbergen, sein handwerkliches Können, sein Verhältnis zur Natur und die optimalen klimatischen Bedingungen führten zu der außerordentlichen Qualität der Clos-Mogador-Weine. René lebt und liebt das wechselhafte, manchmal extreme Klima der wildromatischen Berglandschaft von Tarragona und deren karge von Schiefer durchsetzte Böden, die letztendlich das Fundament seiner außergewöhnlichen Weine ausmachen. An einem Hanghalbrund, das sich wie ein römisches Amphitheater zum Flusstal des Siurana hin öffnet, kultiviert René Barbier die Rebsorten Garnacha, Cariñena und ein wenig Cabernet Sauvignon. Die Erträge der alten Rebstöcke sind gering, allein die obere, einen Hektar große Garnacha-Lage ist älter als 40 Jahre. Die Kraft dieser alten Rebstöcke in Verbindung mit den Böden findet sich in den Weinen wieder. Der 2001 Clos Mogador duftet herrlich nach dunklen Beeren, eingelegten Rumfrüchten, Lakritze, Zigarrenkiste, Zedernholz und Veilchen. Am Gaumen präsentiert sich der Wein unglaublich vielschichtig und komplex, verfügt über eine kräftige Säure, gleichzeitig aber auch über eine herrliche Fruchtsüße. Sein Alkohol ist fast spielerisch in die extraktreiche und muskulöse Struktur integriert. Mit dem ersten Schluck erscheint der noch junge Wein fast ein wenig zu dicht und unbeweglich. Das unbändige Tannin fordert geschmacklich noch seinen Tribut und sollte deshalb unbedingt dekantiert werden. Dennoch ist schon jetzt deutlich schmeckbar, wie das Holz langsam der Frucht den Vortritt lässt, sie aber spürbar sanft unterstützt und dazu beiträgt, dass der Wein über ein außerordentlich stabiles Rückgrat verfügt. Der Wein braucht Zeit, ist noch verschlossen, aber seine herrliche Konzentration und sein immenses Potenzial sind schon jetzt erkennbar. Obwohl dieser Wein so kräftig, körperreich und dominant erscheint, reagiert er auf die Spanferkelkoteletts sehr feinfühlig. Das mag ein wenig an den Röstaromen der gegrillten Koteletts und an der gehaltvollen, leicht süßlichen Portwein-Jus liegen, aber bestimmt auch an dem angebratenen Zucchini-Pimento-Gemüse. Die roten Pimentos sind mit einer süßlichen Schärfe und einem Röstaroma ausgestattet, was eine optimale Verbindung zum gehaltvollen Clos Mogador bedeutet. Interessant ist, dass Wein und Speise nahezu perfekt harmonieren, obwohl man rein gefühlsmäßig dem Clos Mogador eine viel mächtigere Mahlzeit zugedacht hätte. Trotz seiner komplexen Art verfügt er über ausreichendes Säurepotenzial. Hier zeigt sich wieder einmal, dass typische Gerichte einer Region eigentlich immer auch zu den dort gewachsenen Weinen passen.

Schokoladenguglhupf auf Zwetschgenkompott mit Mini Crème brûlée

Guglhupf

40 g Butter
50 g Zucker
6 Eigelbe
50 g Mandeln
40 g Mie de pain oder Paniermehl
40 g dunkle Kuvertüre, flüssig
2 cl Crème de Cacao
3 Eiweiße

Die Butter mit dem Zucker glatt rühren, das Eigelb nach und nach unterrühren.

Die Mandeln und das Mie de pain zusammen fein hacken und unterheben. Kuvertüre und Crème de Cacao dazugeben. Das Eiweiß steif schlagen und vorsichtig unterheben.

Backformen (kleine Guglhupfförmchen) mit Butter ausstreichen und zuckern. Die Masse bis zu zwei Drittel einfüllen und im Wasserbad bei 140 °C zirka 25 Minuten garen.

Zwetschgenkompott

Zwetschgenkompott
300 g Zwetschgen
80 g Zucker
1 Sternanis, 1 Stange Zimt
1 Stange Vanille
2 cl Pflaumenschnaps

100 g der Zwetschgen waschen, entsteinen und mit Zucker aufkochen lassen. Danach pürieren und durch ein Sieb passieren. Die restlichen 200 g Zwetschgen waschen, entsteinen und halbieren. Die gekochte Masse darübergießen, Anis, Zimt, Vanille dazugeben. Mit Pflaumenschnaps abschmecken, ein bis zwei Tage ziehen lassen.

Mini Crème brûlée

Mini Crème brûlée
400 ml Sahne
70 g Zucker
1 Stange Vanille
70 g Eigelb
Zucker zum Bestreuen

Sahne mit Zucker und Vanillemark (Schote halbieren und Mark auskratzen) aufkochen. Das Eigelb in eine Schüssel geben und die gekochte Sahne langsam unter ständigem Rühren zulaufen lassen. Dabei darf die Masse noch nicht binden. Anschließend passieren und in vier hitzebeständige Formen verteilen. Im vorgeheizten Ofen im Wasserbad zirka 40 Minuten bei 125 °C garen. Anschließend gut erkalten lassen. Vor dem Servieren Zucker dick aufstreuen und mit einem Bunsenbrenner abflammen oder bei starker Oberhitze im Backofen karamellisieren.

Der passende Wein zum Dessert

1994 Banyuls Grand Cru
Cuvée Christian Reynal
La Cave de l'Abbé Rous
Banyuls-sur-mer

Schokolade und Wein – das ist eines der aktuellen Lieblingsthemen der Sommeliers. Was man sich mühevoll im Doppelpack erarbeiten muss, gibt es gleich trinkfertig als Wein – flüssige Schokolade sozusagen. Nicht ganz, aber so ähnlich. Die Weine kommen aus einem außergewöhnlichen Weinbaugebiet, im äußersten Osten der Pyrenäen mit steil zum Mittelmeer hin abfallenden Hängen. Die Reben klammern sich förmlich auf den kleinen Terrassen fest, die auf Schieferböden angelegt sind. Der felsige Untergrund ist bestenfalls von einer dünnen Schicht Erde bedeckt. Hier wachsen Banyuls und Banyuls Grand Cru, die feinsten und komplexesten Vins doux naturels.

Die Erträge sind schwach, sie dürften 30 l pro Hektar nicht überschreiten, und die Trauben sind bei der Lese im Oktober durch die Wärme oft schon eingeschrumpft. Die Anreicherung mit Alkohol erfolgt, während der junge Wein noch auf den Schalen liegt, um eine Fülle von Geschmacksstoffen aufzunehmen. Nach einer weiteren Maischezeit von etwa fünf Wochen beginnt der Ausbau unter Anwendung vielfältiger Techniken. Die Bezeichnung Banyuls Grand Cru existiert seit 1962, darf nur in den 4 Gemeinden Collioure, Port-Vendres, Banyuls und Cerbère ausgebaut werden. Banyuls Grand Cru muss nicht nur zu 75% aus Grenache noir bestehen sondern mindestens 30 Monate im Fass lagern, bevor er in den Verkauf kommt. Das Cuvée Christian Reynal der Cave de l'Abbé Rous – ein Grand Cru – besteht zu 100 Prozent aus Grenache und wird sechs Monate in kleinen Eichenholzfässern ausgebaut. Danach wird der Wein in großen Holzfässern gelagert, die nicht ganz gefüllt sind. Denn Oxidation ist erwünscht und gibt dem Banyuls eine »Rancio-Note«.

Der Wein verfügt dann auch über eine deutliche Aromatik nach Schokolade, Bitterorangen, Orangenschalen und Rosinen. Man kann die Süße förmlich riechen, dazu kommen Anklänge von Krokant und Nüssen. Am Gaumen wird es dann richtig schokoladig, die Aromenstruktur ist geschmeidig, der Alkohol bringt noch mehr Fülle und Volumen in die Süße. Der Wein ist prädestinierter Begleiter für Schokoladendesserts und karamellisierte Gerichte, wie zum Beispiel für eine Crème brûlée mit ihrer knusprigen Zuckerkruste. Eine überleitende Funktion bietet das Zwetschgenkompott, weil es sowohl Süße als auch Säure beinhaltet und ein bisschen Frische in das körper- und kalorienreiche Spiel bringt.

MERLOT

Minze, Kirsche, Brombeere, Rote Johannisbeere, Himbeere, Vanille, Zedernholz, Blaubeere, Gras

Gleichzeitig mit dem Namen Merlot fallen St. Emilion und Pomerol ein. Petrus. Das Bordelais wäre ohne den relativ ertragsstarken Merlot vielleicht nur die Hälfte wert, wenn überhaupt. Dennoch steht die schwarzblaue Traube – übrigens die meistangebaute Rotweinsorte im Bordeaux-Gebiet – immer etwas im Schatten des scheinbar übermächtigen Cabernet Sauvignon. Dabei ist die Rebsorte älter als der Cabernet Sauvignon, der das linke Garonne-Ufer beherrscht. Merlot ist nicht ganz so starkwüchsig wie Cabernet Sauvignon, dafür kommt die Rebe besser mit kühlen und feuchten Böden – wie in Pomerol – zurecht und findet dort in guten Jahren zur optimalen Reife. Dagegen kann es in trockenen Jahren schon einmal vorkommen, dass sich die Merlot-Trauben nicht voll entwickeln. Merlot ist sensibel und verlangt ein genaues Timing des Winzers. Findet die Lese etwa zu spät statt, dann kann der Säuregehalt sozusagen in den Keller fallen. Merlot-Weine unterscheiden sich von den aus dickschaligen Beeren gekelterten Cabernet-Weinen vor allem durch eine hellere Farbe, weniger kräftiger Säure und einen geringeren Tanningehalt. Merlot-Weine sind in der Regel wesentlich früher trinkreif und ansprechender als Cabernet Sauvignon, der erst im Laufe von Jahren an Profil gewinnt.

In den 1980er Jahren erlebte der Merlot eine wahre Renaissance in Bordeaux, aber auch im Bergerac und in den Weinbergen des Languedoc-Roussillon. Daneben wird Merlot vor allem in den nordöstlichen italienischen Weinregionen angebaut. Bis auf wenige reinsortige Top-Merlots, wie Masseto, L' Apparita oder Redigaffi, dient er in der Toskana oft als dankbarer Verschnittpartner. 20 Prozent ausländischer Rebsorten sind per Gesetz im Chianti erlaubt und werden meist auch genutzt. Die Weine werden dadurch weicher, runder und sind eher trinkbar. Währenddessen erobert das Tessin langsam, aber stetig mit sehr engagierten Winzern und kleinsten Erträgen die reinsortige, qualitativ hochwertige Merlot-Szene. Auch die Neue Welt hat die vollmundige Traubensorte entdeckt. Im Cabernet-dominierten Kalifornien galt der milde, säureschwächere Merlot Anfang der 1990er Jahre als Entdeckung, bis heute ist die Sorte dort sowohl als reinsortiger Weintyp wie auch als Verschnittpartner gefragt. In Südamerika ist der Merlot vor allem für die argentinische Weinwirtschaft von Bedeutung, Australien, Südafrika und Neuseeland nutzen die Rebsorte weitgehend zur Milderung des Cabernet Sauvignon. In Deutschland spielt Merlot in der Menge keine Rolle. Vereinzelt schaffen es ambitionierte Rotweinwinzer, aus der französischen Rebsorte respektable deutsche Rotweine zu keltern.

Solo oder Duett

Was auf französisch elegant und vornehm klingt – Cuvée –, hat in der deutschen Übersetzung etwas Banales: Verschnitt. Dahinter vermuten viele Zeitgenossen das Zusammenschütten minderer Qualitäten mit dem einzigen Ziel, aus dem Mischmasch ein – meist teures – neues Produkt zu gewinnen. Dabei sind fast alle großen Weine der Welt Cuvées, also Verschnitte. Das geschickte Mischen setzt zunächst einmal die Erkenntnis voraus, wer zu wem passt. Die ohnehin globale Frage des Lebens im Allgemeinen wird im Weinbereich zur alles entscheidenden Gretchenfrage. Denn das Zusammenführen verschiedener Weintypen, verschiedener Charaktere und verschiedener Temperamente gehört zu den schwierigsten Aufgaben der Weinmacher. Während man sich mit einer Rebsorte in der Kreativität beschränkt, eröffnet die Cuvée die Möglichkeit, eventuelle Schwächen einer Sorte durch eine andere auszugleichen. Mehrere Rebsorten sind das »Vocabulaire assez riche«, alle Nuancen und die ganze Vielfalt einer Region, einer Ortschaft. Kein Wunder, dass die Cuvées den eigentlichen Erfolg in der Weinszene bestimmen: Champagner und Bordeaux sind dabei nur die bekanntesten Vertreter. So spielt auch der Merlot vor allem in Bordeaux-Cuvée den Partner, der Fülle und Frucht mitgibt und den Weinen eine gewisse Geschmeidigkeit verleiht, ohne sie zu dominieren.

Entenbrust mit Sesam-Honig-Mantel, Ingwerjus und Koriandersprossen

4 Entenbrüste
Salz, Pfeffer
je 15 g schwarzer und weißer Sesam
1 EL Honig
20 ml Ketjab Manis
20 ml Sojasauce

Koriandersprossen
50 g Möhren, 100 g Lauch, das Weiße
50 g Zuckerschoten
1 Bund Koriander
20 ml Sesamöl
400 g Sojasprossen

Ingwerjus
30 g Schalottenwürfel
10 ml Öl
150 ml Rotwein
20 g Ingwer
300 ml Entenjus

Entenbrust

Die Entenbrüste parieren und die Haut ziselieren, anschließend würzen und auf der Hautseite goldgelb anbraten. Zirka 8 bis 10 Minuten bei 160 °C im Ofen garen lassen. Sesam, Honig, Ketjab Manis, Sojasauce und 1 Prise Salz gut verrühren und dick auf die Hautseite streichen. Kurz vor dem Servieren gratinieren oder in den heißen Ofen schieben.

Koriandersprossen

Möhren, Lauch und Zuckerschoten putzen und in feine Streifen schneiden. Den Koriander ohne Stiele grob hacken. Das Sesamöl in einer Pfanne erhitzen, die Sprossen zugeben und sofort danach die Gemüsestreifen durchschwenken. Jetzt den Koriander zufügen, abschmecken und sofort anrichten.

Ingwerjus

Die Schalottenwürfel in Öl anschwitzen und mit Wein ablöschen. Darin den in Scheiben geschnittenen Ingwer gut einkochen und reduzieren. Das Ganze mit Entenjus auffüllen und zirka 10 Minuten auf kleiner Flamme kochen lassen.

Das Gemüse auf dem Teller drapieren, darauf die Entenbrust anrichten. Mit einem Löffel etwas Ingwerjus um das Gemüse geben und mit einem Korianderblättchen garnieren.

Die passenden Weine zur Entenbrust – die erste Variante

**Diesmal zwei völlig verschiedene Weine, zwar aus der gleichen Rebsorte,
aber unter völlig verschiedenen Bedingungen gewachsen und ausgebaut.**

1999 Balino
Vino da tavola della svizzera italiana
Anna Barbara Kopp von der Crone
Castel San Pietro, Ticino

Anna Barbara Kopp von der Crone ist eine bemerkenswerte Frau. Denn obwohl ihr Mann vor rund zwei Jahren tödlich verunglückt ist, hat sie nicht aufgesteckt und das Weingut mit Unterstützung des Önologen Paolo weitergeführt. Mit Erfolg. Die Rebgärten des nur sechs Hektar großen Weingutes liegen in leichten bis mittleren sandigen Lehmböden auf 350 bis 400 Metern Höhe. Hier steht zu hundert Prozent Merlot im Weinberg, die Weine werden 18 Monate im Barrique ausgebaut. Tessiner Merlots sind meist filigraner, aber auch ein wenig kantiger und schroffer als andere reinsortig ausgebaute Merlots. Sie ähneln in ihrer Stilistik eher den Bordeaux-weinen. Und das bedeutet auch etwas Geduld: Den Weinen muss man sich annähern, sie sind verhalten und springen nicht sofort in die Nase, sind lange nicht so fruchtig extrahiert wie manche Merlot-Gewächse aus der »Neuen Welt«.

Der Tessiner Merlot stürzt sich förmlich auf die süßlichen, nussigen und auch fetthaltigen Aromen der Entenbrust. Dabei gewinnt er an Format und verliert seine ursprünglich kantige, stringente, gradlinige, scheinbar eindimensionale Art. Der Wein zeigt jetzt Frucht, wird weich im Charakter, fast ein wenig cremig. Dennoch verleugnet er seine deutlichen Gerbstoffe nicht.

Mit klaren Aromen von frischem Holz, Toastbrot, Gewürzen, Nelken, Zimt, Pfeffer und Brombeeren zieht er den Gaumen in eine komplexe Tiefe. Er überrascht mit angenehmem Schmelz, wesentlich mehr, als man aus dem Bukett schnuppern konnte. Im Abgang zeigen sich neben der Brombeerfrucht viele Kräuteraromen und Anklänge von Zedernholz. Dieser Merlot sollte unbedingt dekantiert werden, damit er mit dem Sauerstoff seinen wahren Charme entwickeln kann. Insgesamt eher ein kühler, europäischer Weintyp mit ausgeprägter Mineralität und feiner Holzaromatik, der nicht durch den Alkohol, sondern durch sein Potenzial lebt. Ein deutlich schmeckbarer Beweis für die Qualitätsrevolution im Tessin.

Die passenden Weine zur Entenbrust – die zweite Variante

2000 Merlot Switchback Ridge
Switchback Ridge
St. Helena, Kalifornien

Man muss nicht unbedingt auf Robert Parker hören, aber in Sachen Switchback Ridge liegt er hundertprozentig richtig. Das steigert natürlich die Nachfrage des »Garagenweingutes«, die Inhaberin Kelly Peterson kann zufrieden sein. Auf der Peterson Ranch wird von Winemaker Bob Foley Merlot, Cabernet und Petit Syrah ausgebaut. Die produzierte Menge ist klein – rund 5000 Flaschen pro Wein –, aber fein, und sie wird ausschließlich per Mailingliste verkauft.
Der 2000er Merlot besitzt eine sehr intensive, zu Beginn leicht dropsige Nase. Man riecht ganz deutlich rote Johannisbeeren, Himbeeren, aber auch Paprika, Efeu, Zimt und Zedernholz. Der Wein schmeckt nach Sauerkirschen, Brombeeren und Himbeeren, dazwischen findet man Schokolade und Minze. Marmeladig, sehr konzentriert, aber trotzdem vielschichtig rollt der Wein durch den Gaumen und erscheint ausgesprochen voluminös, sicher auch ein wenig exotisch. Insgesamt große Klasse.

Die Ente ist auf der knusprigen Haut mit Honig und Sesam glasiert, das knackige Gemüse in Sesamöl kurz angebraten und mit Koriander gewürzt, was leicht nussige Noten zum Vorschein bringt. Die Sauce ist mit Soja aromatisiert, zeigt also einen deutlichen Salzanteil, dem aber wieder die Süße der Schalotten, Sprossen und Möhren entgegenwirkt. Der Switchback Ridge Merlot lässt sich von dieser Aromenvielfalt allerdings überhaupt nicht beirren, ganz im Gegenteil. Er verliert seine leichte Behäbigkeit, die Säure tritt erfrischend in den Vordergrund und lässt den Wein fast leichtfüßig über die Zunge tanzen. Eine ideale Ergänzung zwischen Wein und Speise, denn der im ersten Moment leicht marmeladig wirkende Merlot gewinnt durch die plötzlich wahrnehmbare Säure. Gleichzeitig wird der im Vordergrund stehenden Ente die »fettige Komponente« genommen.

Ein wunderbares Beispiel dafür, dass zwei völlig verschiedene Weine – zwar aus der gleichen Rebsorte, aber unter völlig verschiedenen Bedingungen gewachsen und ausgebaut – mit dem selben Gericht korrespondieren und sich positiv verändern können, ein jeder in seine Richtung.

CABERNET SAUVIGNON

Grüne Paprika, Schwarze Johannisbeere, Schokolade, Vanille, Schinken, Tabak, Kaffee, Leder

Es ist ohne Probleme möglich, ein ganzes Weinleben mit Cabernet Sauvignon zu gestalten: abwechslungsreich, interessant und vor allem weltweit. Denn die berühmte Rotweinsorte hat sich längst von ihrer Hochburg in Bordeaux gelöst und ist in allen Weinregionen der Welt zu finden. Während aber Cabernet Sauvignon im Bordelais vor allem als Verschnittpartner zusammen mit Merlot und Cabernet franc für Bordeaux-Cuvées dient, hat er in der Neuen Welt auch eine Solo-Karriere gestartet und wird für sortenreine Weine verwendet.

Aber worin liegen der Ruhm und die weltweite Beliebtheit des Cabernet Sauvignon begründet? Dafür gibt es mehrere Gründe, die sich ideal ergänzen. Cabernet Sauvignon besitzt die seltene Fähigkeit, unter beinahe allen Anbauverhältnissen den Sortencharakter zu wahren – ein Cabernet bleibt ein Cabernet –, dazu kommt die Besonderheit, dass Cabernet den Jahrgang, die An- und Ausbautechniken und vor allem die örtliche Geografie, also das Terroir, klar zum Ausdruck bringen kann. Addiert man diese Fähigkeiten der Rebsorte, dann wird klar, warum Cabernet Sauvignon als »Global Player« in aller Welt Karriere machen musste. Die Rebsorte ist das rote Pendant zum Chardonnay. Nur brauchen die Trauben des spät reifenden Cabernet Sauvignon deutlich mehr Sonne, um zur optimalen Reife zu gelangen. Sind diese Voraussetzungen allerdings gegeben, dann bringt der Cabernet Sauvignon eine erstaunliche Konzentration an Phenolen mit, die Weine sind von einer tiefen, dunklen Farbe und zeigen einen hohen Gerbstoffgehalt. Und genau darin liegt der Reiz dieser Sorte.

Es sind weniger die primären Fruchtaromen, die vordergründigen Aromen, die den Cabernet Sauvignon auszeichnen, als vielmehr seine lange Lagerfähigkeit und die damit verbundene Reifung der subtileren Geschmacksstoffe und Aromen. Die sortenreinen Weine sind bukettreich, kräftig und rassig, im Duft erinnern sie an Schwarze Johannisbeeren, grüne Paprika, Zedernholz und schwarzen Pfeffer. Die Verschnitte mit den milderen Rebsorten Cabernet franc, Merlot und/oder Malbec und Petit Verdot bringen ausdrucksstarke Weine mit kräftigem Körper hervor.

Cabernet Sauvignon ist nichts für den schnellen Trinkspaß. Wer Cabernet Sauvignon sagt, der muss Zeit haben. Und es scheint, als habe die Weinwelt Zeit genug. Denn Cabernet Sauvignon ist die meistangebaute Spitzenrebsorte der Welt. Mit Ausnahme der kühlen Anbauzonen – zu denen auch Deutschland zählt – findet sich die Rebsorte in allen Weinbergen der Erde. In Kalifornien bildet sie sogar die Grundlage des roten Weinbaus, alle südamerikanischen Weinbauländer haben sie im Sortenspiegel ganz oben stehen, hoch geschätzt wird Cabernet Sauvignon in Südafrika, und in Australien ist er ein beliebter Verschnitt-Partner für den eher milden Shiraz. Selbst Neuseeland mit seinem »cool climate« erzielt mittlerweile ganz respektable Ergebnisse mit der Wärme suchenden Rebsorte.

Bordeaux – Heimat des Cabernet Sauvignon

Bordeaux ist in jeder Hinsicht eine Weinregion der Superlative. Jeder sechste Einwohner der alten Hafenstadt arbeitet direkt oder indirekt für den Wein. Das erste Wein-Château wurde 1550 errichtet, um den edlen Gewächsen auch einen gebührenden architektonischen Rahmen zu geben. Heute existieren auf der rund 110 000 Hektar großen Anbaufläche kontrollierter Herkunft zirka 10 000 Châteaux mit eigenen Weinmarken, die einfachen Handelsmarken nicht mitgezählt. Die bekannteste Bordeaux-Sorte ist der Cabernet Sauvignon, in den Regionen Médoc und den Graves macht er bis zu 70 Prozent des Anteils des Rebsortenspiegels aus.

Klassifizierung im Bordelais

Zum Erstellen von ersten Ranglisten der Weingüter im Bordelais kam es schon Anfang des 18. Jahrhunderts. Die wichtigste Bordeaux-Klassifizierung wurde vor über 100 Jahren veröffentlicht und nur ein einziges Mal, 1973, angepasst. Daher besitzen einige Bordeaux-Rangierungen heute nur noch beschränkte Gültigkeit, wiederum tragen einige der besten und teuersten Weine keine offiziellen Klassifizierungen. Anlässlich der Weltausstellung von 1855 wurden insgesamt 59 Weine des Haut-Médoc und Haut-Brion aus den Graves sowie 21 Güter aus Sauternes offiziell in den Rang von »Crus classés« erhoben. Die Abstufung erfolgt in fünf Schritten: vom Premier zum Cinquième cru classé. Bei dieser Klassifizierung wurden ausschließlich Güter berücksichtigt, die seit längerer Zeit anerkanntermaßen große Weine produzierten und die höchsten Durchschnittspreise erzielten. Bis heute versteht sich ein »Cru classé« als ein historisches Weingut und liegt entsprechend hoch im Kurs. Erst 1931 wurde die Klassifizierung der »Crus bourgeois« veröffentlicht, die heute rund 400, meist kleinere Güter im Médoc umfasst. Seit rund 50 Jahren kennen auch die Appellationen Saint-Emilion (wird alle zehn Jahre angepasst) und die Graves eine offizielle Rangliste. Fronsac und Pomerol sowie die übrigen Gebiete des Bordelais kennen keine offiziellen Klassifizierungen.

Die Klassifizierungen im Médoc:
Premiers grands crus classés
Deuxièmes grands crus classés
Quatrièmes grands crus classés
Cinquièmes grands crus classés
Crus bourgeois
Crus artisans
AOC Médoc

Die Klassifizierungen in den Graves:
Premiers grands crus classés
Crus classés Graves
AOC Graves

Die Klassifizierungen in Saint-Émilion:
Premiers grands crus classés A
Premiers grands crus classés B
Grands crus classés
Grands crus
AOC St.-Emilion

Crus bourgeois

Médoc – das Land in der Mitte – verdankt seinen Namen der geografischen Lage. Das Anbaugebiet mit so berühmten Appellationen wie Margaux, Saint-Julien und Pauillac liegt auf dem 45. Breitengrad zwischen Atlantik und der Flussmündung der Gironde im Südwesten Frankreichs. Wie alle französischen Weinbaugebiete, so sind auch die Weinberge des Médoc in verschiedene Qualitätsstufen eingeteilt. Die Médoc-Klassifizierung besteht aus 60 Crus classés (seit 1855), rund 400 Crus bourgeois, sowie 300 Crus artisans und anderen Crus und schließlich Genossenschaftsweinen. Der Begriff »Crus bourgeois« stammt aus dem Mittelalter und wurde 1932 als offizielle Bezeichnung für Weine eingeführt. Über die Einhaltung bestimmter Regeln und Produktionsvorschriften wacht der Verband »Crus Bourgeois du Médoc«. So dürfen für einen »Cru bourgeois« nur Weine aus einer der acht Appellationen des Médoc verwendet werden, und das Weingut muss mindestens sieben Hektar Anbaufläche besitzen. Die Weine müssen im eigenen Keller ausgebaut werden. Mittlerweile machen die »Crus bourgeois« fast die Hälfte der Weinproduktion im Médoc aus, das sind rund 7500 Hektar Rebfläche und fast 55 Millionen Flaschen. Heute sind in der Kategorie »Crus bourgeois« besonders gute und relativ preiswerte Bordeaux-Weine zu finden. In der Hauptsache werden »Crus bourgeois« aus der Cabernet-Sauvignon-Traube gekeltert, sie können jedoch auch einen hohen Anteil an Merlot – meist ergänzt um Cabernet franc – enthalten. In der Regel sind die Weine im Alter von vier bis acht Jahren trinkreif. Derzeit arbeitet die Industie- und Handelskammer Bordeaux an einer neuen offiziellen Klassifizierung. Danach werden die Weine in die drei Kategorien »Crus Bourgeois Exceptionnels«, »Crus Bourgeois Supérieurs« und »Crus Bourgeois« eingeteilt. Diese neue Klassifizierung steht allen Gewächsen des Médoc offen und wird alle zehn Jahre von einer unabhängigen Kommission überprüft und gegebenenfalls neu festgelegt.

Rumpsteak mit Kräuter-Mark-Kruste, Stangenbohnen und Rotwein-Schalotten-Jus

Rumpsteak

2 Toastscheiben
etwas Butter
100 g Rindermark
3 Eigelbe
Salz, Muskat
2 cl Noilly Prat
⅓ Bund Schnittlauch
⅓ Bund Thymian
4 Thönes-Rumpsteaks à 180 g
Butterschmalz oder Öl zum Braten
Salz und Pfeffer

Die Toastscheiben in kleine Würfel schneiden und in Butter zu Croûtons rösten. Das klein gewürfelte Rindermark mit den Croûtons und den restlichen Zutaten – Schnittlauch und Thymian klein geschnitten – vermengen. Die Rumpsteaks in heißem Öl von beiden Seiten scharf anbraten, würzen und auf ein Blech setzen. Danach mit Kräuter-Mark-Masse einstreichen, im vorgeheizten Ofen bei 180 °C zirka 5 Minuten garen. Kurz vor dem Servieren gratinieren.

Bohnengemüse

Bohnengemüse
400 g Stangenbohnen
2 Schalotten
1 Zweig Bohnenkraut
20 g Butter

Bohnen putzen, schneiden und blanchieren. Schalotten würfeln, mit Bohnenkraut anschwitzen, Bohnen zugeben und kurz schwenken.

Rotwein-Schalotten-Jus

Rotwein-Schalotten-Jus
2 Schalotten
10 g Butter
50 ml Rotwein, der auch
zum Essen serviert wird
400 ml Kalbsjus
Salz und Pfeffer
20 g kalte Butter

Schalotten würfeln und in Butter anschwitzen, mit Rotwein ablöschen und reduzieren. Anschließend mit der Kalbsjus auffüllen, abschmecken und mit kalter Butter verfeinern.

Die Bohnen auf der Mitte eines länglichen Tellers anrichten, das Rumpsteak mit der Kruste nach oben auflegen und vorsichtig mit Rotwein-Schalotten-Jus umgießen.

Tipp: Die Bohnen nicht zu lange in der Pfanne lassen, weil sie sonst ihre Farbe verlieren. Deshalb das Gemüse erst kurz vor dem Anrichten in die Pfanne geben.

Der passende Wein zum Rumpsteak

2000 Château Phélan Ségur
Cru Bourgeois Exceptionnel
Saint Estèphe, Bordeaux

Die Kunst der Cuvée, also des Zusammenführens verschiedener Komponenten zu einem harmonischen Gewächs, wurde auch auf Château Phélan Ségur erfolgreich angewandt. Allerdings wurden hier zwei Weingüter, nämlich »Clos de Garamey« und »Château Ségur« – die beide dem Grafen Ségur gehörten –, zu einem Gut zusammengeführt. Der heutige Besitz erstreckt sich über 100 Hektar, davon werden 70 Hektar für den Weinbau genutzt, 30 Hektar sind Park und Wiesen. Der erfolgreiche Aufbau dieses Weinguts war das Werk von Frank Phelan, der aus Irland kam und sich in St. Estèphe niederließ. Das Schloss ist nicht nur eine architektonisch harmonische Einheit, sondern umfasst den gesamten Betriebsbereich inklusive Herrschaftshaus, Produktionsstätte und Gär- und Lagerkeller. Angebaut werden rund 60 Prozent Cabernet Sauvignon, 30 Prozent Merlot und 10 Prozent Cabernet franc. Dass schon im Weinberg auf Qualität Wert gelegt wird, ist selbstverständlich, aber vor der Vinifikation sortiert und kontrolliert ein spezielles Team die Trauben der gesamten Ernte, um perfekte Qualität zu gewährleisten.

Der 2000er Cru Bourgeois wirkt im Bukett aufgrund seiner Jugend noch verhalten, aber doch schon tiefgründig, komplex und entwicklungsfähig. Am Gaumen überraschen zunächst eine gehörige Portion Tannine, es schmeckt nach Lakritze und Leder. Kein Wunder – der Wein lag rund 18 Monate in Eichenfässern. Nach dem ersten Schreck und mit ein wenig Sauerstoff zeigen sich aber reife, sehr komplexe Fruchtaromen, die von einer gut strukturierten Säure unterstützt werden. Das braucht der Wein, denn sein Gegenpart ist ein kräftig gebratenes Rumpsteak mit einer gehörigen Portion Röstaromen. Die Markkruste gibt dem Gericht eine fetthaltige, schmelzige, leicht cremige Konsistenz, und die knackigen Bohnen mit dem leicht vorschmeckenden Bohnenkraut bringen vegetabile, grüne Noten ins Spiel. Die Röstaromen sind perfekt für alle im Holz ausgebauten, Cabernet-Sauvignon-geprägten Weine. Die Säure des Weines reagiert eher mit dem Gemüse und der Markkruste. Der Wein muss deshalb ausreichend Struktur und Körper besitzen, um der fetthaltigen Kruste auszukommen. Die Croûtons in der Markkruste dienen hierbei als Puffer und verbinden sich unter dem Grill ideal mit dem Mark. Eine weitere große Hilfe ist die Sauce, die mit dem entsprechenden Wein abgeschmeckt sein sollte.

Lammstelze aus dem Ofen mit Paprikagemüse und Kartoffelpüree mit Olivenöl

4 Lammstelzen

Salz und Pfeffer

Butterschmalz oder Öl zum Braten

1 Knoblauchzehe, 1 Zwiebel,

1 Sellerieknolle, 5 Möhren

1 Lorbeerblatt, 2 Wacholderbeeren

5 weiße Pfefferkörner

1 Zweig Rosmarin

1 Zweig Thymian

2 EL Tomatenmark

1 l kräftiger Rotwein

etwas Speisestärke

Paprikagemüse

600 g Paprika

2 Schalotten

etwas Olivenöl zum Dünsten

Kräuter der Provence

Salz und Pfeffer

Kartoffelpüree

400 g weich kochende Kartoffeln

50 ml Milch, 50 ml Sahne

Salz und Muskat

50 ml Olivenöl extra vergine

Lammstelze

Die Lammstelzen würzen und in heißem Öl anbraten. Knoblauch, Zwiebel, Sellerie und Möhren in Würfel schneiden und mit den Gewürzen im selben Topf anschwitzen. Das Tomatenmark einrühren, aber nur kurz anschwitzen. Danach mit einem Schuss Rotwein ablöschen und einkochen lassen. Anschließend mit Rotwein und etwas Wasser ablöschen und aufgießen. Jetzt die Lammstelzen in den Sud legen und abgedeckt im vorgeheizten Ofen bei 200 °C zirka 1 bis 1,5 Stunden schmoren lassen. Danach die Sauce passieren, nochmals aufkochen und mit Stärke binden.

Paprikagemüse

Die Paprika schälen und in 2 bis 3 cm große Würfel schneiden. Die gewürfelten Schalotten in Olivenöl dünsten, Paprika hinzufügen, salzen, pfeffern und zirka 2 bis 3 Minuten durchschwenken.
Kurz vor dem Servieren die Kräuter der Provence zugeben.

Kartoffelpüree

Die Kartoffeln mit Schale kochen, pellen, durchpressen. Milch, Sahne, Salz und Muskat erhitzen, über die Kartoffelmasse geben und vermengen.

Die Stelze mittig auf einem Teller anrichten, das Gemüse rechts neben der Lammstelze und auf der gegenüberliegenden Seite das Pürée anrichten. In das Pürée mit dem Löffel eine Vertiefung drücken und das Olivenöl eingießen.

Der passende Wein zur Lammstelze

2001 Cuvée X
Weingut Knipser
Laumersheim, Pfalz

Laumersheim ist zwar nicht der Nabel der Weinwelt, aber immerhin ein Wallfahrtsort für Liebhaber deutscher Rotweine. Und sie werden fündig. Denn Volker und Werner Knipser gehören nicht nur zu den deutschen Barrique-Pionieren, die beiden Brüder jonglieren mit dem kleinen Eichenholzfass wie kaum ein anderer Winzer in Deutschland. Alles, was als Rebe Rang und Namen hat, wird unter den Händen der beiden Urpfälzer zum erstaunlichen Weinerlebnis. Unglaublich, was die Knipsers in den letzten Jahren in Bezug auf Rotwein und Barrique auf die Beine gestellt haben. Cuvée X bedeutet im Hause Knipser Bordeaux-Cuvée und die darin klassischerweise enthaltenen Rebsorten: Cabernet Sauvignon, Merlot, Cabernet franc. Seit Ende der 1980er Jahre beschäftigen sich die Knipsers mit Cabernet Sauvignon, damals allerdings nur im Versuchsanbau. Anfang der 1990er Jahre kamen die ersten Ergebnisse, der Durchbruch gelang mit dem sensationellen 1993er Cabernet Sauvignon. Nach diesen Erfolgen entschieden die Brüder, sich auch der klassischen Bordelaiser »Cuvée-Partner« anzunehmen. Merlot und Cabernet franc brachten interessante Ergebnisse, heute wird jede Rebsorte individuell ausgebaut. Stimmt nach Meinung und Geschmack der Knipser die Qualität, werden die einzelnen Weine in der Cuvée X zusammengeführt. Ein bisschen Bordeaux in Laumersheim.

Das zeigt auch das Bukett der Cuvée X. In der Nase sind ganz deutlich grüne Paprika, Cassis, aber auch verhaltene Röstaromen zu erkennen. Am Gaumen präsentiert sich die gesamte Palette an typischen »Bordeaux-Aromen«: Paprika, Schwarze Johannisbeeren, Zimt, Nelken, Leder, Lakritze, Sternanis, Zedernholz und Zigarrenkiste. Die feine Säurestruktur gibt dem Wein eine elegante, seidige Länge. Die geschmorte Lammstelze ist auf dem gleichen Geschmacksweg. Das Kartoffelpüree bekommt einen wunderbaren Kick durch das Olivenöl. Die Frische, die dieses Gericht unbedingt benötigt, kommt durch die vegetabilen Aromen der kurz angebratenen Paprikaschoten, die mit Majoran und Rosmarin gewürzt worden sind, und durch die Säure des Weines. Im Cuvée X geht gleichsam eine Wandlung vor, es wird höchst lebendig und verliert alle unreifen Noten. Die Säure entwickelt sich gemeinsam mit den Paprikaschoten und der leicht süßlichen Schmorsauce, nimmt aber weder dem Gericht noch dem Wein die Substanz. Hier ist die Kombination ganz deutlich, das Gericht unterstützt den noch jugendlichen Wein, bindet die noch ungestümen Gerbstoffe und lässt ihn weicher, reifer und feinfruchtiger erscheinen.

SYRAH / SHIRAZ

Pfeffer, Räucherspeck, Bitterschokolade, Minze, geröstetes Brot, Zedernholz, Brombeere, Heidelbeere, Kräuter, Minze, Zimt, Muskatnuss

So exotisch der Name klingt, so edel ist die Rotweinsorte, aus der große Gewächse gekeltert werden. Die beste und feinste Demonstration ihrer erstklassigen Eigenschaften zeigt die Rebsorte sicherlich an der Rhône als Hermitage und Côte Rôtie und in Australien, wo es die Rebsorte in der Schreibweise Shiraz zu Kultstatus gebracht hat. Daneben taucht sie in vielen Anbaugebieten rund um den Globus auf.

Doch woher sie ursprünglich stammt, liegt bis heute im Dunkel. Immer wieder wurde von Persien als Ursprungsland gesprochen, aber eine 1998 durchgeführte DNA-Analyse gab Anlass zur Vermutung, dass Syrah/Shiraz ein Nachkomme der Sorten Dureza und Mondeuse blanche ist. Wie dem auch sei, für die aktuelle Weinwelt bietet die Rebsorte entscheidende Vorteile: Sie ist relativ ertragreich, weitgehend krankheitsresistent, spät im Austrieb aber nicht zu spät in der Reife. Kommen die Trauben zur Reife, dann werden die dunklen Weine dicht, komplex und sind besonders langlebig. Bleiben die Trauben jedoch zu lange am Weinstock hängen, dann verlieren sie an Aroma und Säure. Richtiges Timing ist deswegen für die Rebsorte genauso wichtig wie eine lange Reifezeit. Denn die Weine erreichen meist erst nach Jahren ihre ganze Komplexität und bestechen durch eine saftige Konzentration bei stabiler Säure.

Nach der Renaissance der Syrah-Weine aus dem Rhône-Tal, die vor allem mit den Namen Hermitage, Cornas und Côte Rôtie, aber auch mit Châteauneuf-du-Pape verbunden ist, erlebte der Syrah in ganz Südfrankreich einen Boom. Vor allem das Languedoc-Roussillon setzte auf die zuverlässige Rebsorte und brachte beachtenswerte sortenreine Weine auf den Markt, meist als modern vinifizierte Vin de Pays d'Oc.
Auch die Schweiz kann im Wallis auf Syrah-Bestände verweisen, die am Oberlauf der Rhône zu konzentrierten Weinen gekeltert werden. In Italien gibt es einige Syrah-Weinberge in der Toskana. In der Neuen Welt hat die Rebsorte nur zögerlich Fuß gefasst. In Sonoma und Mendocino gibt es einige Anlagen, ebenso in Südafrika und in Argentinien.
Eine wirkliche neue Heimat hat der Syrah unter der Bezeichnung Shiraz in Australien gefunden. Vermutlich 1832 eingeführt, gedieh die Rebe in New South Wales so gut, dass sie zur roten Vorzeigesorte des neuen Kontinents wurde. Entweder reinsortig oder im Verschnitt mit Cabernet Sauvignon als Cabernet Shiraz oder umgekehrt, sind die australischen Shiraz-Weine deutlich süßer und reifer im Aroma als die französischen Varianten und erinnern mehr an Schokolade als an die leicht pfeffrigen, würzigen Weine der Rhône.

Shiraz als Kult

Not macht erfinderisch, und so steht am Anfang der Erfolgsstory des Kultweins »Grange« eine Notlösung, die sich jedoch als Glücksfall für das Weingut und letztendlich für die gesamte australische Weinindustrie entpuppte. Alles fing damit an, dass Dr. Christopher Rawson Penfold als junger britischer Arzt mit seiner Frau Mary 1844 in Südaustralien landete. Im Gepäck hatte er Syrah-Rebstöcke aus Südfrankreich, im wahrsten Sinne des Wortes der Grundstock für die bis heute erfolgreichste Weinkarriere auf dem jungen Kontinent. Der erste Penfold-Weinberg wurde auf der fruchtbaren rot-braunen Erde rund um das Haus »The Grange« in Magill gepflanzt. Das Unternehmen expandierte in den folgenden Jahrzehnten – allein die Rebfläche um Magill Estate wuchs auf 120 Hektar an. Auch der Weinstil änderte sich. Produzierte das Unternehmen bis 1950 hauptsächlich Port und Sherry, wollte man nun den Tischweinen mehr Aufmerksamkeit schenken.

Max Schubert, damals Chief Winemaker, hatte die Vision eines langlebigen australischen Rotweins nach dem Vorbild der großen Bordeaux-Gewächse. Doch die Sache hatte einen Haken. Die klassischen Bordeaux-Rebsorten waren zu dieser Zeit in Australien kaum verfügbar. Dafür gab es ausreichend Hermitage (Shiraz). Für seinen ersten Versuchswein 1951 nahm Schubert Shiraz-Trauben aus dem Grange-Weinberg rund um Magill Estate und einem Weinberg südlich von Adelaide. Die Trauben dieser beiden Rebgärten waren für ihre komplexe Sortencharakteristik, ihre große Farbdichte und den kräftigen Körper bekannt. Schubert füllte die Cuvée in unbehandelte Holzfässer und ließ den ersten »Grange Hermitage« 18 Monate lang reifen. Jahr für Jahr kamen nur einige tausend Liter »Grange« auf die Flaschen, doch niemand wollte den Wein haben. Die erste Verkostung unter Weinkennern geriet zum Desaster, und die Geschäftsleitung beschloss, die Produktion dieses teuren, unverkäuflichen und noch dazu imageschädigenden Weins sofort einzustellen. Doch Schubert vinifizierte seinen »Grange« ohne Wissen der Chefetage in kleinen Mengen weiter.

Erst 1962 tauchten die ersten Grange-Weine wieder aus der Versenkung auf. Der 1955er Grange fand auf Weinwettbewerben die Beachtung der internationalen Fachwelt und wurde zu einem der 12 Top-Weine des 20. Jahrhunderts gekürt. Damit war der Durchbruch gelungen, Max Schubert hatte einen Weinstil kreiert, eine perfekte Mischung aus Kraft, Struktur und Eleganz. »Grange« bekam Kultstatus. Bis heute gilt der Wein, der seit dem Jahrgang 1953 immer einen kleinen Anteil Cabernet Sauvignon beinhaltet, als Herzstück und Flaggschiff des Unternehmens, gleichzeitig als Initialzündung für die Qualitätsrevolution in »down under«, die den Weg für die internationale Anerkennung des australischen Weins insgesamt geebnet hat.

Sauerbratensuppe mit kleinen Klößen

Marinade

400 ml Branntweinessig

20 ml Rotwein, 20 ml Wasser

1 gewürfelte Zwiebel

1 gewürfelte Möhre

½ gewürfelte Sellerieknolle

1 Thymianzweig, 1 Lorbeerblatt

2 Nelken

1 Knoblauchzehe im Kräutersäckchen

1 Nelke, 5 Pimentkörner

10 Pfefferkörner, 5 Wacholderbeeren

500 g Rinderbug

Salz und Pfeffer

4 EL Pflanzenöl

50 g Tomatenmark

200 g Pumpernickel

100 g Rübensirup

Klößchen

1 mehlig kochende Kartoffel

1 Scheibe Weißbrot

1 Ei

50 g Mehl

Salz und Muskat

Die Zutaten für die Marinade vermischen, die Gewürze in ein Gewürzsäckchen packen, mit in die Marinade geben, das Fleisch einlegen und 3 bis 4 Tage im Kühlschrank durchziehen lassen.

Den Rinderbug aus der Marinade holen, würzen und in einer Pfanne von allen Seiten anbraten. Anschließend das Fleisch in einen Topf geben. Das Gemüse aus der Marinade schöpfen, zu dem Fleisch geben, tomatisieren und 2 bis 3 Minuten lang anbraten. Anschließend mit der Marinade auffüllen, das Gewürzsäckchen mit hineingeben und den Braten im geschlossenen Topf zirka 1,5 Stunden bei 180 °C im vorgeheizten Ofen schmoren lassen. Wenn der Bug gar ist, Gewürzsäckchen entfernen und die Suppe mit dem zerbröselten Pumpernickel und Rübensirup 30 Minuten köcheln lassen. Dann die Suppe durch ein Haarsieb passieren und mit Salz und Pfeffer abschmecken.

Danach noch eine halbe Stunde köcheln lassen und wieder passieren.

Klößchen

Kartoffel in der Schale kochen, pellen, heiß pressen und abkühlen lassen. Die Kruste des Weißbrotes abschneiden, das weiche Brot in Würfel schneiden. Alle Zutaten zu einem Teig kneten, abschmecken, und zu kleinen Klößchen formen. Rund 10 Minuten in kochendem Salzwasser gar ziehen lassen.

Das Fleisch in Würfel schneiden, zusammen mit den Klößchen in tiefen Suppentellern anrichten und die Suppe dazugießen.

Der passende Wein zur Sauerbratensuppe

2000 In Flagrante
Sine Qua Non
Elaine & Manfred Krankl
Ventura, Kalifornien

Österreicher machen gerade in den USA erstaunliche Karrieren. Das kennt man ja. Einer, der 1980 auszog, die Amerikaner mit ungewöhnlichen Weinen zu überraschen, ist Manfred Krankl. Sein Weingut »Sine Qua Non« bietet denn auch Jahr für Jahr neu gestaltete Etiketten für immer neue Weine. Kein Wein ist wie der andere. Man kann sich trefflich streiten, ob die Welt diese konzentrierten Blockbuster-Weine braucht. Probiert haben sollte man sie auf jeden Fall, auch wenn sich daran die Geister scheiden.

Ohne Zweifel ist auch der In Flagrante eine gewagte Kombination zu diesem Gericht! Niemand würde auf die Idee kommen, einen solch monströsen Powerwein zu einer einfachen Suppe zu servieren. Aber erstens ist das keine einfache Suppe, sondern einer von FISCHERS Klassikern, und zweitens gibt es wirklich nur wenige Weine, die dieser Suppe standhalten können. Die Sauerbratensuppe ist aufgrund ihrer Herstellung ausgesprochen konzentriert, vom Fleischextraktgehalt, der Süße des Zuckerrübensirups und den verschiedenen Gewürzen fast überlagert und außerdem noch mit einer außerordentlichen Säure versehen. Beide Partner sind dermaßen egozentrisch, würzig und eigensinnig, dass die Kombination nur schwer vorstellbar scheint. Aus Erfahrung wissen wir aber, dass die Sauerbratensuppe nur kräftige, würzige, sehr körperreiche Partner akzeptiert.

Der 2000er Shiraz »In Flagrante« von Elaine und Manfred Krankl springt förmlich aus dem Glas. »Marmelade« taucht vor dem geistigen Auge auf, bevor man überhaupt eine Idee des Weines bekommt. Was für eine Frucht! Schier unglaublich. Extreme Frucht- und Holzkonzentration in der Nase: Pflaumenkompott, Zimt, Leder, Lakritze, Teer, Asche, eingelegte Feigen, Brombeeren, Vanille und geröstete Holzspäne. Klingt alles zusammen furchtbar. Probiert man den Wein, kommt zu diesen mächtigen Aromen eine gut strukturierte Säure hinzu und liefert die erforderliche Frische. Dekantieren ist in diesem Fall unglaublich wichtig, denn erst mit Sauerstoff können sich all diese konzentrierten Aromen freisetzen und entfalten. Die würzigen, körperreichen, extremen Aromen des Shiraz und der Sauerbratensuppe ergänzen sich in diesem Fall wunderbar. Manchmal gilt eben doch der Grundsatz: Gleich und Gleich gesellt sich gerne.

Wildente aus dem Ofen mit Spitzkohl-gemüse, Maronen und Entenjus

2 Wildenten
Salz und Pfeffer
2 Orangen, 2 Äpfel
3 Zwiebeln
etwas Majoran und Beifuß
Küchengarn

Spitzkohlgemüse
1 kleiner Spitzkohl
Salz und Muskat
Butter

Maronen
50 g Zucker
125 ml Apfel- und Orangensaft
1 Stange Zimt, 1 Sternanis
100 g fertig gekochte
und geschälte Maronen
25 g Butter

Entenjus
Innereien und Flügel
der Enten
100 g Sellerie und Möhren
150 g Zwiebeln
1 EL Entenschmalz
500 ml Rotwein
500 ml Wasser
1 Lorbeerblatt
einige Wacholderbeeren
und Pfefferkörner
1/3 Bund Thymian
1 Apfel, 1 Orange
Salz und Pfeffer
Speisestärke

Wildenten

Die Enten sauber ausnehmen, danach innen und außen salzen und pfeffern. Die Flügel am zweiten Glied abtrennen. Orangen, Äpfel und Zwiebeln schälen, grob würfeln, mit den gehackten Kräutern vermischen und die Enten damit füllen. Mit Küchengarn die Bauchhöhle zunähen und die Keulen eng beibinden. Die beiden Enten auf ein Bratenblech legen, etwas Wasser angießen und in den vorgeheizten Ofen schieben. Je nach Größe und Gewicht zirka 45 bis 60 Minuten bei 180 °C braten. Während der letzten Viertelstunde den Bratensaft abgießen, die Temperatur auf 200 °C erhöhen, damit die Haut kross und braun wird. Danach die Enten aus dem Ofen holen, etwas ruhen lassen, das Küchengarn entfernen und das Geflügel in Portionsstücke teilen.

Spitzkohlgemüse

Den Spitzkohl in feine Streifen schneiden und blanchieren. Vor dem Servieren mit Salz und Muskat abschmecken und kurz in Butter schwenken. Achtung, der Spitzkohl muss knackig bleiben und darf nicht matschig werden!

Maronen

Etwas Zucker in einer Pfanne oder einen Topf karamellisieren lassen. Vorsichtig mit der Saftmischung ablöschen und kurz aufkochen. Danach die Gewürze zufügen, anschließend die Maronen. Alles zusammen rund 5 Minuten köcheln lassen, dann erst die Butter zufügen.

Entenjus

Für die Jus zunächst die Innereien und Flügel zusammen mit Sellerie-, Möhren- und Zwiebelwürfeln im heißen Schmalz anrösten. Mit Rotwein ablöschen und langsam einkochen.
Die eingekochte Jus mit Wasser und dem losgekochten Bratsatz der Wildenten auffüllen, Gewürze, Kräuter, Orangen- und Apfelscheiben zufügen und salzen und pfeffern. Das Ganze zirka 1 bis 2 Stunden bei kleiner Flamme köcheln lassen. Danach durch ein Sieb passieren, abschmecken und leicht binden.

Entenbrust und Keulen in zwei getrennten Gängen servieren, jeweils auf den Spitzkohl setzen, die glasierten Maronen um die Ente legen und vorsichtig mit Jus umgießen.

Der passende Wein zur Wildente

1995 La Chapelle
Jaboulet & Fils
Tain l'Hermitage, Rhône

Die Rhône kommt mir vor wie ein Dornröschen-Schloss. Jeder wusste um ihre Schönheit und vor allem um die Qualität ihrer Weine. Dennoch verfiel die Provinz in einen Dämmerzustand, aus dem sie erst in den letzten zwanzig Jahren wieder erwacht ist. Lange Zeit wurden die Syrah der nördlichen Rhône unterschätzt. Man bewunderte zwar ihre Kraft und Würzigkeit, bemängelte aber ihre angeblich fehlende Eleganz. Vor allem die schlitzohrigen Bordelaiser profitierten von dieser Legende. Sie haben ihre eigenen Weine mit Rhône-Syrah verschnitten und mit der Kraft und Würzigkeit ihre Bordeaux-Cuvée aufgepeppt. Gleichzeitig belegten sie die südlichen Gebiete mit hohen Zöllen, so dass die Rhône-Winzer keine Chance hatten, ihre Weine an den Königs-hof in Paris zu liefern. Dort kannte man zu dieser Zeit nur Bordeaux, Burgund, die Loire und natürlich die Champagne.

Das Familienunternehmen Paul Jaboulet-Aîné ist vermutlich der weltweit bekannteste Erzeuger erstklassiger Rhône-Weine. Mit »La Chapelle« wird die kleine Kapelle auf dem Hermitage-Berg und gleichzeitig der wichtig-ste Wein im Hause Jaboulet-Aîné bezeichnet.

Der 1995er La Chapelle duftet nach Cassis, dunklen Beeren, Feigen, Gewürzen, Kräutern, Lakritze, aber auch ein wenig animalisch und staubig. Am Gaumen kommt die gesamte Fülle der intensiven Aromen zutage, allerdings sehr gradlinig und stringent. Trotz der Jahre hat der Wein nichts von seiner Persönlichkeit und seiner Fülle eingebüßt. Im Gegenteil. Er wirkt fast noch etwas verschlossen, glänzt mit einer festen, seidigen Säurestruktur, die die leicht gereiften, aber noch kraftvollen, vielschichtigen, Aromen gut im Griff hat. Da ist noch Potenzial drin, der Wein wird in den nächsten Jahren noch einmal zulegen und an Eleganz gewinnen.

Die Wildente ist ein sehr spannendes Gericht mit ganz verschiedenen Aromen. Da ist die Ente mit ihrer fetten, knusprigen Haut, da sind aber auch die Maroni mit leicht süßlichen, erdigen Honignoten, dazu der gut gewürzte und mit Butter glasierte Spitzkohl und natürlich die gehaltvolle Jus. Alles zusammen eine schwierige Aufgabe für einen Wein. Deshalb ist ein Gewächs mit einer ausgeprägten Säurestruktur, deutlichen Röstaromen und klarer Eleganz, aber auch Potenzial gefragt, um diesen verschiedenen Aromen widerstehen zu können. La Chapelle macht das mit links, fast nonchalant, denn er besitzt ausreichend Persönlichkeit und Vielschichtigkeit, um auf verschiedenen Geschmacksebenen parieren zu können.

WEINDOGMEN UNTER DER LUPE

Weinkauf

Wein kann man heute fast überall kaufen. Selbst der Nachtschwärmer wird an der Tankstelle fündig. Nicht immer super, jedoch als Absacker durchaus akzeptabel. Aber Vorsicht: Wein ist ein empfindliches Lebensmittel und will auch in der Flasche noch gepflegt werden. In Weinhäusern, Delikatessenläden und Weinfachgeschäften erhält man nicht nur Fachberatung, hier liegen die Weine auch meist richtig temperiert und nach Qualitäten sortiert.

Die meisten Weingüter verkaufen ihre Erzeugnisse auch direkt an den Endverbraucher. Dazu hat man die Möglichkeit, die Weine am Ort des Geschehens probieren und Keller und Hof genauer unter die Lupe nehmen zu können. Im Gespräch mit dem Winzer erfährt man dazu einiges von seiner Wein-Idee und seinen Aus- und Anbaumethoden. Durchaus spannend.
Auch der Weinfachhandel ist immer eine gute Adresse, hier kann man eigentlich nichts falsch machen. Die Weinhändler kennen ihre »Pappenheimer« persönlich, stehen in regem Kontakt mit ihren Winzern und sind dazu selbst Weinfreaks, meist mit gutem Geschmack. Also einfach reinspazieren, fragen, beraten lassen und probieren. Wer Lust auf Wein hat, findet im Fachhandel Gleichgesinnte und immer einen kundigen Berater, der gerne mit Ihnen auf Entdeckungstour geht.

Wer sich zum Einkaufen ausschließlich in Supermärkten bewegt, kann in den meisten Einkaufsgiganten getrost ins Weinregal greifen. Nur fehlt es hier meist an fachkundiger Beratung. Am besten orientiert man sich an Jahrgang, Rebsorte und Erzeugerland. Vorsicht: Stehend werden nur frische und junge Weine gelagert, die kurz nach der Füllung auf den Markt kommen und zum schnellen Trinkgenuss vorgesehen sind. Ältere Jahrgänge sollten im Handel auf jeden Fall liegend gelagert werden.

Und Finger weg von verstaubten Flaschen, die wahrscheinlich schon eine halbe Ewigkeit im Regal stehen. Raritäten kauft man seriös beim Winzer oder beim Weinfachhändler. Einige Händler haben sich auf Raritäten spezialisiert, kennen die Handelsgeschichte und Herkunft des Weines und stellen vielfach auch Expertisen aus. Ein ungewöhnlich niedriger Preis für einen alten Wein ist ebenfalls verdächtig. Echte Schätze haben ihren Preis, der sich nach der noch bestehenden Verfügbarkeit und dem Alter richtet. Schnäppchen sind auf diesem Markt in der Regel nicht zu machen.

Was darf er denn kosten? Nicht immer ist in einer teuren Flasche auch ein gleichwertiger Inhalt. Lassen Sie sich nicht von der Aufmachung blenden – gute Weine sind oft in unscheinbaren Flaschen mit unscheinbaren Etiketten gefüllt. Was ein Wein am Ende wirklich wert ist, bleibt Geschmacksfrage. Was ist er Ihnen wert? Die Entscheidung kann Ihnen niemand abnehmen. Mit den so genannten Kultweinen ist es wie mit Bildern. Der eigentliche Wert des »Materials« ist rechenbar, darüber hinaus zahlen Sie für Image, Name, die limitierte Verfügbarkeit, eben einfach für den Kult.

Um sich in der nationalen oder internationalen Weinwelt zurechtzufinden, helfen die Lektüre der einschlägigen Weinführer. Mit diesen Ratgebern kann man auch getrost einen Wochenendausflug in eine Weinregion planen.

Zur Lage des Weins

Kühlschrank auf, Flasche rein: Das funktioniert ohne Probleme mit Weinen, die zum schnellen und sofortigen Konsum geeignet sind. Kein Problem. Einfache Alltagsweine, deren Schwerpunkt auf einer geschmacklichen Frische liegt, überstehen ungeöffnet ohne Probleme Tage und Wochen im Kühlschrank. Als Faustregel gilt: Je besser der Wein, umso mehr lohnt eine lange Lagerung, um ihn zu seiner ganzen Reife kommen zu lassen. Nur fachgerecht sollte er liegen. Denn Wein reagiert auf physische Einwirkungen. Für eine langjährige Lagerung sind gut belüftete Keller am besten geeignet. Eine konstante Temperatur zwischen 10 und 16 Grad Celsius über das Jahr hinweg ist ideal. Je wärmer die Lagerstätte ist, desto rascher verliert der Wein an Frische. Licht aus! Wein sollte immer dunkel gelagert werden, denn Licht kann vorzeitige Alterungserscheinungen auslösen. Am besten also rein in die Kiste und Deckel drauf.

Wichtig: Die Flaschen sollen liegend aufbewahrt werden, damit die Flüssigkeit den Korken feucht hält. So bleibt der Flaschenmund verschlossen und das Eindringen von Luft wird verhindert, die den Wein zur schädlichen Oxidation bringen könnte. Wer über keinen Keller verfügt, kann sich auch einen Weinklimaschrank ins Zimmer stellen. Vorteil dieser Geräte: Sie bieten Platz für mehrere Kisten Wein und halten die edlen Gewächse auf einer konstanten Temperatur. Übrigens: In Magnumflaschen altert der Wein etwas langsamer, in kleinen Flaschen wird der Wein schneller reif und verliert eher an Substanz.

Heißkalt erwischt

Ein leidiges Thema und heiß umstritten: Wie kalt oder warm darf ein Wein sein? Zu kalt servierte Weine können in der Regel ihre Aromen nicht richtig entfalten, zeigen sich verschlossen, Aroma und Extrakte können kaum wahrgenommen werden. Das macht die Weine relativ geschmacklos. Dagegen wirken zu warm servierte Weine meist überladen, breit und schwer. Die optimale Trinktemperatur ist am besten mit dem eigenen Geschmack zu messen. An heißen Sommertagen schmeckt ein Weißwein auch mal ein paar Grad kühler, erfrischend junge Roséweine auch mit Eiswürfeltemperatur.

Für Perl- und Schaumweine empfiehlt sich eine Temperatur zwischen 7 und 9 Grad Celsius, Weißweine einfacher und mittlerer Qualität sind zwischen 8 und 10 Grad Celsius optimal temperiert. Einen edlen Weißwein trinkt man am besten zwischen 10 und 12 Grad Celsius. Bei der Temperierung von Rotweinen ist immer wieder von der Zimmertemperatur die Rede. Gemeint war damit ursprünglich ein mit offenem Kamin beheiztes Zimmer, also eine Temperatur zwischen 15 und 18 Grad Celsius. Junge, leichte Rotweine schmecken auch kühler serviert, bei einer Temperatur zwischen 11 und 14 Grad.

Probieren Sie es einfach mal. Wer ganz sicher gehen will, kann zur Ermittlung der richtigen Temperatur ein Wein-Thermometer benutzen. Aber bitte nicht im Restaurant, das ist peinlich und sieht nach Wein-Snob aus.

Bedenken sollten Sie allerdings, dass der Wein sich am Tisch im Umfeld der warmen Speisen relativ schnell erwärmt. In den ersten Minuten nach dem Einschenken steigt die Temperatur eines Weines um 1–2 Grad, je nach Außentemperatur. Das sollten Sie bei der Kühlung entsprechend bedenken. Ideal ist ein Weinkühler, der den Wein für längere Zeit auf der richtigen Temperatur hält. Auf den allseits bekannten mit Eiswürfeln gefüllten Sektkübel sollte man jedoch verzichten, weil der den Wein an die Gefrierzone und damit an den Rand der Geschmacklosigkeit bringt.

Glasklar

Bei dem riesigen Angebot an Gläsern verliert man schnell den Durchblick. Eines ist aber sicher: Wein gehört prinzipiell ins Glas. Damit es auch das richtige ist, sind einige Grundregeln zu beachten: Bunte Gläser bleiben in der Vitrine. Ein Weinglas sollte grundsätzlich farblos, also klar sein, um die Farbe des Weines voll zur Geltung zu bringen. Auf den Geschmack des Weines hat die Farbe des Glases allerdings keine Auswirkung.

Dagegen entscheidet aber die Glasform durchaus, wie der Wein auf die Zunge und deren Geschmackszonen trifft. Je größer der Glaskelch und je dünnwandiger das Glas, desto besser kommen Aromen und Geschmack zur Geltung. Und: Je weniger Wein im Glas ist, desto intensiver können sich die Aromen unter leichtem Schwenken des Glases entfalten.

Für leichte Weißweine eignen sich schmale Gläser mit relativ kleinem Volumen am besten. Durch den verengten Kelch werden die zarten Düfte komprimiert an Nase, Zunge und Gaumen geführt. Die körperreichen Weißweine und ältere Kreszenzen brauchen dagegen Platz im Glas und bevorzugen die bauchigeren, größeren Gläser. Edelsüße Dessertweine begnügen sich durch ihre extreme Dichte und hohe Konzentration an Aromastoffen mit kleineren Kelchen. Durch die relativ schmale Öffnung wird der Wein direkt über die Zungenspitze geführt, damit die Geschmacksfülle der Süße besser wahrgenommen werden kann.

Für Rosé-Weine sollte man mittelgroße Gläser benutzen, bei denen sich der Kelch nach oben etwas verjüngt. Schwere und ältere Rotweine kommen in einem Glas mit großem Durchmesser am besten zur Geltung, denn hier hat die Weinoberfläche viel Kontakt mit der Luft. Fülle und Komplexität können sich optimal entfalten, die relativ große Glasöffnung führt den Wein an alle Geschmacksnerven im Mund und bringt damit Frucht und Säure ideal zur Geltung. Bordeauxweine bevorzugen einen schlankeren und höher geschlossenen Kelch, damit sich ihre eleganten Aromen nicht in zu viel Luft auflösen. Der hohe Duftkamin führt die Aromen konzentriert zur Nase, und der Wein wird zunächst über die Zungenspitze probiert.

Generell gilt, dass der Wein dem Glas angemessen sein muss. Das bedeutet, dass man einfache »Brot-und-Butter«-Weine nicht in große Bordeauxgläser füllen sollte, weil sie darin schlichtweg den Geschmack verlieren und in der Qualität leiden. In diesem Fall frisst das Glas den Wein! Kräftige, tanninhaltige Weine gehören dagegen nicht in kleine Gläser, da sie ihre wahre Größe dann nicht zeigen können, sondern eher gerbstoffbetont über die Zunge gleiten.

Sie sehen, das richtige Weinglas zu finden ist eine Philosophie für sich. Mittlerweile gibt es für jede Rebsorte und sogar für einzelne Weinregionen das passende Glas. Der Sammelleidenschaft kann also mit Weingläsern geholfen werden. Für den täglichen Hausgebrauch tun es allerdings auch Allrounder aus der Glasserie »Authentis« der Firma Spiegelau. Die formschönen, praktischen Gläser bieten absoluten Trinkgenuss zum vernünftigen Preis. Und sie überleben auch die Spülmaschine.

Raus damit

Viele Weine sind schon am Korken gescheitert. Das ist nicht nur für stolze Flaschenbesitzer ein Ärgernis, sondern auch für die Weingüter, die mit den Reklamationen konfrontiert werden. Seit langem wird über alternative Verschlüsse nachgedacht – einiges wurde ausprobiert, aber der Weisheit letzter Schluss ist noch nicht in Sicht. Die Verabschiedung vom einfachen Korken gestaltet sich schwieriger, als man dachte. Die Allzweckwaffe Plastik hat sich nach anfänglicher Euphorie als Holzweg entpuppt, das verwendete Material wurde nach Jahren müde und durchlässig und die Weine bekamen hin und wieder tatsächlich einen »Plastik-Ton«. Keine wirkliche Alternative zum Kork-Schmecker. Der Drehverschluss und Kronkorken transportieren ein Billig-Image, das viele Winzer ihren Weinen nicht antun möchten. Ob das Heil des Flaschenverschlusses im Glas liegt, bleibt abzuwarten. Gerade sind die ersten Weinflaschen mit Glasstopfen verschlossen worden und es wird sich zeigen, wie sich diese Verschlusstechnik im Alltag bewähren wird. Doch neben dem technischen Pro und Contra Kork bleibt es vor allem Anschauungssache, welcher Verschluss verwendet wird. Viele Weinkenner möchten nicht auf das verheißungsvolle »plopp« verzichten, das hörbar die Öffnung der Flasche signalisiert und damit quasi zum Sturm auf den Genuss bläst. Vielleicht ist deswegen – trotz aller Nachteile – bis heute der klassische Korken immer noch der meist benutzte Verschluss.

Und damit beginnt das nächste Problem. Denn irgendwann soll er aus dem engen Flaschenhals heraus. Die sicherste und einfachste Methode um zum Ziel zu gelangen, ist immer noch der gute alte Korkenzieher. Zu beachten ist lediglich, dass der Korkenzieher keinem Bohrer ähnelt, sondern vielmehr die Gestalt einer offenen Spirale hat, deren innere Windung groß genug ist, um ein Streichholz hindurch zu stecken. Auch sollte der Korkenzieher unbedingt eine scharfe Spitze haben, die dem Lauf der Spirale folgt und nicht zentriert ist. Nur dann kann der Korkenzieher sauber in den Korken eindringen und ihn so fest packen, dass er beim Herausziehen nicht zerbröselt.

Gelangen doch mal Korkenbrösel in die Weinflasche, versuchen Sie die Krümel vorsichtig mit einem Löffel heraus zu fischen oder füllen Sie den Wein durch ein feines Sieb in eine Dekantierkaraffe. Das empfiehlt sich auch dann, wenn der Wein – häufig ältere, gereifte Gewächse – Trubteilchen und Depot aufweist, das sich im Lauf der Jahre am Boden der Flasche angesammelt hat. Auch wenn Weinstein, der an sich nicht schädlich und keine Beeinträchtigung des Geschmacks darstellt, in der Flasche sichtbar wird, sollte man den Wein dekantieren, um den Trinkgenuss nicht zu stören.

Luft schnappen

Etwas frische Luft tut gut. Mitunter auch dem Wein. Dennoch ist es bis heute umstritten, ob Wein aus Gründen einer besseren Luftzuführung dekantiert werden sollte. Als Faustregel gilt: Junge, besonders tanninreiche Rotweine werden dekantiert, damit der Wein durchatmen kann und sich etwaige unangenehme Nebentöne verflüchtigen. Reifere Weine – rot wie weiß – geben in der Regel erst nach dem Aufenthalt in einem Dekantiergefäß ihre ganzen Duftaromen preis, und zwar wesentlich konzentrierter als direkt aus der Flasche. Wie lange welcher Wein offen stehen sollte, ist nicht eindeutig zu beantworten. Sicher ist nur, dass sehr alte Weine mit einem Übermaß an Sauerstoff eher noch schneller ihre Spannung verlieren. Am sinnvollsten verkostet man den Wein nach dem Dekantieren mehrfach, um die jetzt einsetzenden Entwicklungsstufen zu beobachten, die der Wein an der Luft durchläuft.

Weinflaschen – das gilt selbstverständlich auch für Champagner und Sekt – die nicht restlos ausgetrunken werden, sollten nicht einfach offen herumstehen. Nicht nur, dass sich mit der Zeit die Aromen verflüchtigen, auch Fremdgerüche können den Wein unangenehm verändern und sogar verderben. Für den Fall, dass die Flasche nicht mehr mit dem Originalkorken verschlossen werden kann, gibt es eine ganze Reihe von Verschluss-Alternativen. Die Verschlüsse können aber nur eine Übergangslösung darstellen und dienen nicht zur längeren Lagerung des Weines.

Geöffneter Weißwein behält sein Aroma in der Regel 2–3 Tage im Kühlschrank,. Der Wein wird auch danach keineswegs schlecht, allerdings verliert er nach und nach seinen Duft. Rotwein hat dagegen schon nach einem Tag so viel Luft aufgenommen, dass man ihn als »oxidativ« und nicht mehr genussfähig bezeichnet. Es zeigen sich dann sherryähnliche, oxidierte und muffige Aromen und im schlimmsten Fall sogar Essignoten.

Tradition und Newcomer

Es gibt wohl kein anderes Getränk, das weltweit mehr Aufmerksamkeit erfährt. Schnelle Transportwege bringen heute die unterschiedlichsten Weine in alle Märkte und lassen Vergleiche zu: Weine der Neuen Welt finden ihren Weg in die Alte Welt und umgekehrt, die jahrhundertealte Tradition der klassischen Weinbauländer trifft auf die Unkompliziertheit der noch relativ jungen Weinbauländer. Eine interessante Konstellation, die dem Verbraucher eine vielfältige Weinwelt eröffnet und neue Geschmackserlebnisse zulässt. Wein ist international, mit jedem Jahr wächst die Weltanbaufläche, vor allem in Südamerika schießen derzeit die Weingüter wie Pilze aus dem Boden. In den Weinbauländern der Neuen Welt – USA, Südamerika, Südafrika, Australien und Neuseeland – wurden in den vergangenen Jahren Geschmackstrends gesetzt und Weinstile kreiert. Der Chardonnay, ursprünglich das weiße Flaggschiff der Burgunder, eroberte im neuen Stil die ganze Welt, der Sauvignon blanc erlebte eine Renaissance, und der »Bordeaux-Style« aus Übersee machte selbst im traditionellen Bordelais Furore.
Doch langsam scheint sich das Wein-Blatt wieder zu Gunsten der Alten Welt zu wenden. Deutscher Riesling und Grüner Veltliner aus Österreich erobern derzeit vor allem den amerikanischen Markt. Alle Zeichen stehen auf Erfolg. Denn die Weinwelt hat die unschlagbaren Stärken dieser traditionellen Rebsorten wieder entdeckt. Die Visitenkarte der nördlichen Anbaugebiete: Frische, Spritzigkeit, Frucht, knackige Säure und relativ wenig Alkohol. Das macht die Weine leicht bekömmlich, und sie passen bestens zur modernen Vital-Küche. Während die riesigen Güter in Übersee den vermeintlichen internationalen Geschmack formen, triumphiert in Europa das alte Winzerhandwerk, die Symbiose aus facettenreichen Böden und Klimata und dem daraus erwachsenen individuellen Weingeschmack. Terroir – die Fingerabdrücke des Bodens – heißt das vinophile Wort der kommenden Jahre.

FLASCHEN ZEIGEN GRÖSSE

Je kleiner die Flasche, desto schneller altert der Wein. Und umgekehrt. Grund genug für viele Sammler, sich auf Großflaschen zu spezialisieren. Die unterschiedliche Entwicklung eines Weines in den verschiedenen Flaschengrößen lässt sich vor allem bei Bordeaux und Burgundern nachvollziehen: Etliche Weingüter haben dort schon immer herausragende Jahrgänge in Bouteillen zwischen 0,5 und 18 Litern abgefüllt.

Die biblisch orientierte Namensgebung für solche Sonderformate ist allerdings verwirrend und irreführend: In den verschiedenen französischen Anbaugebieten gibt es für die gleiche Flaschengröße unterschiedliche Bezeichnungen.

BURGUND

Demie bouteille	0,375	Liter
Bouteille	0,75	Liter
Magnum	1,5	Liter
Jéroboam	3	Liter
Réhoboam	4,5	Liter
Méthusalem	6	Liter
Salmanazar	9	Liter
Balthazar	12	Liter
Nabuchodonosar	15	Liter

BORDEAUX

Demie bouteille	0,375	Liter
Bouteille	0,75	Liter
Magnum	1,5	Liter
Doppelmagnum	3	Liter
Jéroboam	4,5 bzw. 5	Liter
Impériale	6	Liter
Salmanazar	9	Liter
Balthazar	12	Liter
Nabuchodonosar	15	Liter
Melchior	18	Liter

CHAMPAGNE

Quart	0,187	Liter
Demie bouteille	0,375	Liter
Demi-litre (nur außerhalb der EU)	0,5	Liter
Bouteille	0,75	Liter
Magnum	1,5	Liter
Jéroboam	3	Liter
Méthusalem	6	Liter
Salmanazar	9	Liter
Balthazar	12	Liter
Nabuchodonosar	15	Liter

WEINPROBE

In Sachen Genuss verstehen viele Menschen keinen Spaß. Auch professionelle Weinproben tragen oft ein quälendes Element in sich, das am treffendsten mit dem Wort „bierernst" umschrieben werden kann. Im wahrsten Sinne des Wortes zugeschüttet mit technischen Fakten und vermeintlichem Fachwissen über Wein und Winzer, lässt die belehrende Ernsthaftigkeit mancher Probenleiter jeden zarten Genusskeim schon im Ansatz ersticken. Da bleibt dem wahren Genießer nur die Eigeninitiative, »Do-it-yourself-Weinprobe« in den eigenen vier Wänden: Denn der gut organisierte Griff zur Flasche garantiert Spannung und eröffnet neue geschmackliche Horizonte.

Wissensdurst muss nicht mit trockenen Fachvorträgen gestillt werden. Spaß und Freude am Wein sind wichtiger als chemische Analysedaten. Die wichtigsten theoretischen Unterscheidungen wie Rebsorten, Anbaugebiete, Jahrgänge und Ausbaustile sollte man möglichst spielerisch erlernen. Gemeinsam mit Freunden, in entspannter Atmosphäre schwenken, schnüffeln, nippen und diskutieren, kommt man dem Weinvirus am schnellsten auf die Spur. Alles was man für diese »Spurensuche« braucht, sind ein paar Gläser, ein Korkenzieher und natürlich Wein.
Es reicht völlig aus, bei einer Weinprobe sechs bis zehn verschiedene Weine auszuschenken. Wer mit der Zusammenstellung noch nicht sehr vertraut ist, lässt sich am besten im Fachhandel beraten. Interessante Weinproben kann man auch mit preisgünstigen Weinen bestücken. Diese einfachen Weine sollten allerdings jung und frisch getrunken werden. Und natürlich Genuss und Spaß versprechen.

»Was bin ich«, das Motto des Rateklassikers garantiert auch bei Weinproben Spaß und Unterhaltung. Denn am spannendsten ist eine sogenannte Blindprobe, bei der das Etikett durch einen übergezogenen Strumpf oder eine Folie verdeckt wird. Jetzt werden neben unvoreingenommenen Geschmackseindrücken auch die eigenen sensorischen Fähigkeiten entdeckt. Und das garantiert manche Überraschung. Um seine persönlichen Geschmackseindrücke festzuhalten, bekommt jeder Gast ein Probenprotokoll mit den entsprechenden Weinnummern.
Sehen Sie für jeden Gast mindestens zwei Gläser vor, damit er die Weine direkt vergleichen kann. Aber Vorsicht: Gläser beeinflussen den Geschmack, die Form entscheidet mit, wie der Wein auf die Zunge und deren Geschmackszonen trifft. Auf der sicheren Seite sind Sie mit dem Glas-Allrounder »Authentis«. In jedem Fall sollte das Weinglas farblos sein. Die geerbten bunten Kristallschliffgläser bleiben in der Vitrine, denn jede Farbe im Glas beeinträchtigt die Beurteilung der Klarheit. Vorsicht beim Einschenken: Gut gemeinte Weinberge auf randvollen Gläsern – in der Weingastronomie durchaus üblich – sind beim Proben fehl am Platze. Weingläser sollten nur bis maximal zur Hälfte gefüllt werden, damit sich das Bukett voll entfalten kann.

Immer wieder ein hitzig diskutiertes Thema in der Weinszene: Die richtige Temperatur. Zu warm oder zu kalt, beides führt zu Geschmacksverfälschungen. Wer seine Weine nicht gerade im mittelalterlichen Kreuzgewölbe-Keller lagern kann, darf ruhig den Kühlschrank als Zwischenlager nutzen. Kurzfristig.
Einfache und mittlere Qualitäten sind zwischen 8 und 11 Grad Celsius ideal gekühlt, die edleren Tropfen trinkt man am besten bei 11 bis 13 Grad Celsius. Die für Rotweine viel zitierte »Zimmertemperatur« hat mit der heute üblichen Zentralheizung nichts zu tun, sondern meinte ursprünglich ein Zimmer mit Kaminfeuer, also 16 bis 18 Grad Celsius.

Jetzt kommt der Moment, der noch einmal über Erfolg oder Misserfolg der bevorstehenden Probe entscheidet: Der Korken muss aus der Flasche. Nicht immer ein leichtes Unterfangen, oft genug bricht das gute Stück ab, zerbröselt in seine kleinsten Bestandteile oder sitzt fest wie ein korkiger Fels in der Weinbrandung. Bevor schweres Gerät – etwa der berüchtigte Champagnersäbel, mit dessen schwungvollem Einsatz die Flasche ihren Hals verliert – aufgefahren wird, versuchen Sie es zunächst mit einem handelsüblichen Korkenzieher. Achten Sie darauf, dass der Korkenzieher nicht einem Bohrer ähnelt, sondern die Gestalt einer Spirale hat, deren innere Windung – die sogenannte Seele – groß genug ist, um ein Streichholz hindurch zu stecken. Auch sollte er unbedingt eine scharfe Spitze haben, die dem Lauf der Spirale folgt und nicht zentriert ist.

Ist das »Korkproblem« überwunden, kann es eigentlich losgehen: Wischen Sie vor dem Ausschenken noch einmal mit einem sauberen Tuch über die Flaschenmündung, damit eventuelle Kork- oder Kapselreste entfernt werden und nicht im Glas landen. Jetzt ist der Wein zum Einschenken bereit.

Die meisten Wein-Einsteiger interessieren sich am Anfang für die verschiedenen Rebsorten, dafür, wie sie zu erkennen und zu unterscheiden sind. Heimvorteil für deutsche Weine, denn hier muss die Rebsorte auf dem Etikett stehen. Das macht die erste Auswahl auch für den blutigen Anfänger leicht. Um sich die sortentypischen Aromen einzuprägen, startet man am besten mit zwei Rebsorten jeweils aus einem Anbaugebiet, zum Beispiel einem Riesling und einem Silvaner. In der Gegenüberstellung der Rebsorten werden die unterschiedlichen Aromen leicht riech- und schmeckbar: Mal Apfel- und Pfirsichdüfte im Riesling, dann wieder Kräuter- und feine Birnenaromen im Silvaner. Mit jeder neu eingeschenkten Probe ist das Gedächtnis gefragt, denn das Zauberwort aller Weinproben heißt »Wiedererkennen«. Kommen bei der Probe verschiedene Qualitäten ins Spiel – also Kabinett-Weine, Spätlesen und edelsüße Gewächse – wird aufsteigend probiert: Vom einfachen Wein in die Spitze. Für Jahrgangsproben – Weine aus verschiedenen Erntejahren – gilt generell: mit dem jüngsten Jahrgang anfangen und absteigend probieren: Von jung zur alt.

Die Rebsortenvielfalt ist das spannende Thema für Fortgeschrittene.

Rebsorten sind heute »Global Player«, stehen weltweit im Anbau. Eine Rebsorte über mehrere Anbauregionen hinweg zu probieren zeigt nicht nur die unterschiedlichen Stilistiken und Ausbaumethoden der Winzer, sondern auch das wechselvolle Zusammenspiel von Traube, Klima und Terroir. Probieren Sie es zum Beispiel mit einer Chardonnay-Reise durch die Alte und Neue Welt. Eine vinologische Reise, die es in sich hat: feine, elegante Gewächse, holzbetonte Weine, Fruchtbomben, Kraftprotze, Leichtgewichte und alkoholstarke Granaten. Alles aus einer Rebsorte. Rund eine Flasche rechnet man auf sechs bis acht Personen bei mindestens 6 verschiedenen Weinen, im Schnitt sollte man mit 15 € bis 25 € – je nach Jahrgang – pro Flasche kalkulieren.

Weine aus einem Anbaugebiet nach Jahrgängen zu probieren, kann dagegen schnell ins Geld gehen. Horizontal oder vertikal heißen dabei die zwei Zauberwörter für Kenner: Bei einer Horizontal-Probe werden Weine von verschiedenen Weingütern, aber einem Jahrgang probiert, um die Geschmacksvielfalt des Jahrgangs kennen zu lernen. Wer sich dagegen eher auf die Spur der Wein-Stilistik machen möchte, ist mit einer Vertikal-Probe gut beraten: Die Weine nur eines Weingutes zu probieren muss nicht langweilig sein, allerdings ist etwas Erfahrung hilfreich, um die feinen Unterschiede und Entwicklungen der verschiedenen Jahrgänge herauszuschmecken.

Dabei taucht leider ein zusätzliches Problem auf: Einige Jahrgänge sind vergriffen und Raritäten haben ihren Preis. Auch wer gerne mal die großen Weinklassiker im Glas haben möchte, muss unter Umständen tief in die Tasche greifen. Von den großen Bordeaux-Klassikern wie 1945 Mouton oder 1947 Cheval Blanc sind weltweit nur noch wenige Flaschen zu haben. Da werden schon mal bis zu 5.000 € pro Flasche hingeblättert. Auch das gehört zur Weinszene und jeder muss für sich entscheiden, was ihm das »Weinerlebnis« wert ist. Denn diese Summen haben nichts mehr mit dem viel zitierten Preis-Leistungs-Verhältnis zu tun. Aber vielleicht einmal im Leben …

Bleibt noch die leidigste Frage einer Weinprobe zu klären: Das Essen.

Nichts stört bei einer Weinprobe mehr als ein knurrender Magen, der notdürftig mit trockenem Brot gestopft werden muss. Also: erst proben, dann essen oder umgekehrt. Oder noch besser, gemeinsam kochen und das schönste Spiel der Welt spielen: Welcher Wein passt zu welchem Essen. Versprochen, dass Sie hierbei nie auslernen und es immer spannend bleibt!

WARUM WEIN?

Es gibt viele schöne Dinge auf der Welt, für die ich mich begeistern kann. Aber es gibt nur wenige, für die ich mich mit meiner ganzen Leidenschaft begeistern kann.

Wein gehört mit Sicherheit dazu. Warum ausgerechnet Wein? Eine einfache Frage, die immer wieder im Raum steht und deren Beantwortung mir ungemein schwierig erscheint. Denn es gibt tausend Gründe Wein zu lieben, die Herausforderung Wein immer wieder anzunehmen, um in seinem Facettenreichtum den eigenen Genuss zu finden.

Wein ist für mich deswegen immer auch eine Versuchung. Und die einzige Möglichkeit eine Versuchung loszuwerden, ist ihr nachzugeben. Immer wieder. Es ist die unbändige Lust auf Genuss, auf Nuancen und auf Vielfalt, die Lust auf Entdeckung von neuem und auf die Erkennung von Altbewährtem, von Vorlieben und von Eigenheiten. Wein ist wie das Leben. Eine Zeitreise mit alten und verlässlichen Freunden, aber auch mit neuen spannenden Begegnungen, Veränderungen und sicherlich auch mit Enttäuschungen und Abschied.

Wein hat mich bis heute ein gutes Stück meines Lebens begleitet.

Ich erinnere mich noch an das erste vorsichtige Nippen am Glas meines Vaters. Ich war noch ein kleines Kind, hatte aber längst verstanden, dass Rheingauer Rieslinge wie selbstverständlich zum Essen gehörten. Wein war zu Hause alltäglich, aber deswegen niemals banal. Seinen Stellenwert, ein besonderes Getränk zu sein, signalisierte er für mich schon in seiner hohen schlanken Flasche, die immer etwas majestätisch all die niedrigen Teller und Terrinen überragte. Die Perspektive eines Kindes.

Dann kamen die unbeschwerten Teenager-Jahre, die ersten Kellerpartys und mit ihnen die vermeintlich unkomplizierten Literweine. Hauptsache günstig. Der Hit waren endlose Schmusetitel von Pink Floyd und Santana. Und natürlich Asti Spumante. Eine prickelnde Zeit, sicherlich voller Geschmacksverirrungen und damit aber auch eine wichtige Zeit der Geschmacksentwicklung. Ich möchte kein Glas missen. Wie viele es bis heute geworden sind, habe ich natürlich nicht gezählt. Aber jeder Wein, den ich probiert habe, war ein kleines Mosaiksteinchen in meiner Weinwelt, die mich mit jedem Schluck mehr fasziniert und in ihren Bann gezogen hat. Über den Wein, mit dem Wein und vor allem beim Wein habe ich viele Menschen kennen- und schätzen gelernt und vor allem Freundschaften geschlossen, die nunmehr über Jahrzehnte Bestand haben und die mir sehr wichtig sind. Wein ist ein verbindendes und kommunikatives Getränk, das sich damit meinem Naturel ideal nähert.

Und als Gastronomin ist Wein für mich natürlich der ideale Kontrapunkt zur Küche und macht die Gastronomie erst interessant. Wein und Speisen sind füreinander geschaffen, es gibt unzählige Facetten und Möglichkeiten. Ein wunderschönes Spiel, welches Gott sei Dank nie aufhört und das die Grundlage unseres Restaurants ist. Gestartet sind wir 1996 zu viert: Astrid Völkl, mit der ich mittlerweile 13 Jahre zusammenarbeite, Uwe Born, unser damaliger Küchenchef, Patrick, der Jungkoch und ich. Wir hatten tausend Ideen und Visionen, eine unbekümmerte Phantasie und eine wunderbare Naivität. Und wir hatten Lust, den Gästen Genuss und unsere Liebe zur vinophilen Gastronomie näher zu bringen. In dieser Zeit sind solch außergewöhnliche Gerichte wie die Sauerbratensuppe und die Flönz entstanden, denen wir die entsprechenden Weine an die Seite gestellt haben.

Aus vier wurden dreißig Mitarbeiter, aus Neugierigen wurden treue Gäste und aus Winzern wurden gute Freunde. Mit diesen Menschen verbindet mich ein roter Faden, der mir die nötige Energie gibt. Gleichzeitig machen sie mich stark und bieten mir innere Ruhe und Sicherheit. Für mich sind diese Menschen das Wichtigste im Leben. Genau so wie mein Mann, der mir auf der einen Seite die nötige Freiheit aber auf der anderen Seite den entsprechenden Halt bietet. Hätte ich nicht solche Freunde, würde ich meinen Weg verlieren. Uns allen gemeinsam ist die Liebe zum Wein, zum Genuss und damit zu großen Gefühlen.

Die Lebensmittel:

Thönes Natur-Verband

Loeweg 15
47669 Wachtendonk
Telefon +49-(0)2836 / 914 00
www.thoenes.de

Bäckerei Zimmermann

Ehrenstraße 75
50672 Köln
Telefon +49-(0)221 / 25 56 32
www.spezibrot.de

Käsehaus Wingenfeld GmbH

Ehrenstraße 90
50672 Köln
Telefon +49-(0)221 / 25 33 41
www.kaesehaus-wingenfeld.de

Vulkanhof

Familie Thommes-Burbach
Vulkanstrasse 29
54558 Gillenfeld/Vulkaneifel
Telefon +49-(0)6573 / 91 48

Brombach Obst & Gemüse

Höninger Platz 5
50969 Köln
Telefon +49-(0)221 / 360 44 86

Senfmüller Guido Breuer

Laufenstraße 116-124
52156 Monschau
Telefon +49-(0)2472 / 22 45
www.senfmuehle.de

Jordan Olivenöl

Am Eichelkamp 85
40723 Hilden
Telefon +49-(0)2103 / 60 105
www.jordanolivenoel.de

Die Winzer:

Weingut Georg Breuer

Grabenstraße 8
65385 Rüdesheim am Rhein
Telefon +49-(0)6722 / 10 27
www.georg-breuer.com

Weingut A. Christmann

Peter-Koch-Str. 43
67435 Neustadt OT Gimmeldingen
Telefon +49-(0)6321 / 660 39
www.weingut-christmann.de

Schloss Vollrads

Vollradser Allee
65375 Oestrich-Winkel
Telefon +49-(0)6723 / 660
www.schlossvollrads.com

Weingut Rudolf Fürst

Hohenlindenweg 46
63927 Bürgstadt
Telefon +49-(0)9371 / 86 42
www.weingut-rudolf-fuerst.de

Weingut Fürst Löwenstein

Rathausgasse 5
97892 Kreuzwertheim
Telefon +49-(0)9342 / 923 50
www.loewenstein.de

Weingut Ludi Neiss

Hauptstr. 91
67271 Kindenheim
Telefon +49-(0)6359 / 43 27
weingut-neiss@t-online.de

Weingut Dr. Wehrheim

Weinstr. 8
76831 Birkweiler
Telefon +49-(0)6345 / 35 42
www.weingut-wehrheim.de

Ökonomierat Rebholz
Weinstr. 54
76833 Siebeldingen
Telefon +49-(0)6345 / 34 39
www.oekonomierat-rebholz.de

Weingut Bernhard Huber
Heimbacher Weg 19
79364 Malterdingen
Telefon +49-(0)7644 / 12 00
www.weingut-huber.com

Weingut Dr. Heger
Bachenstraße 19-21
79241 Ihringen
Telefon +49-(0)7668 / 205
www.heger-weine.de

Weingut Reinhold und Cornelia Schneider
Königschaffhauser Straße 2
79346 Endingen
Telefon +49-(0)7642 / 52 78
www.weingutschneider.com

Weingut Fred Loimer
Haindorfer Vögerlweg 23
A–3550 Langenlois
Telefon +43-(0)2734 / 23 39
www.loimer.at

Weingut Emmerich Knoll
A–3601 Unterloiben 10
Telefon +43-(0)2732 / 79355
weingut@knoll.at

Domaine de Châtenoy
Pierre Clément
Châtenoy
F–18510 Menetou-Salon
Telefon +33-(0)2 / 48 666 870

Weingut Manfred Tement
Zieregg 13
A–8461 Berghausen
Telefon +43-(0)3453 / 41 010
www.tement.at

Domaine des Comtes Lafon
5, rue Pierre Joigneaux
Clos de la Barre
F–21190 Meursault
Telefon +33-(0)3 / 80 21 22 17

Weingut Jean Stodden
Rotweinstraße 7-9
53506 Rech
Telefon +49-(0)2643 / 30 01
www.stodden.de

Weingut Braunstein
Hauptgasse 18
A–7083 Purbach
Telefon +43-(0)2683 / 59 13
www.braunstein.at

Fattoria di Montevertine
I–53017 Radda in Chianti
Telefon +39-0577 / 73 8009
www.montervertine.it

Cantine del Castello di Brolio
Baron Ricasole
I–53013 Gaiole in Chinati
Telefon +39-0577 / 73 01
www.ricasoli.it

René Barbier
Partida Torre del Gall, s/n
ES–08739 St. Cugat de Sesgarrigues
Telefon +34-93 891 7090
www.renebarbier.es

La Cave de l'Abbé Rous
56, avenue du Général de Gaulle
F–66650 Banyuls sur Mer
Telefon +33-(0)4 / 68 88 72 72
www.banyuls.com

J. Peterson Family Wines
Switchback Ridge
4292 Silverado Trail
USA–Calistoga, CA 94515
Telefon +1-707 / 942 5600
www.switchbackridge.com

Château Phélan Ségur

Thierry Gardinier

F–33180 St. Estèphe

Telefon +33-(0)5 / 565 974 00

Weingut Knipser

Hauptstraße 47-49

67229 Laumersheim

Telefon +49-(0)6238 / 742

www.weingut-knipser.de

Paul Jaboulet Aîne

Les Jalets RN 7

BP 46 La Roche sur glun

F–26600 Tain l'Hermitage

Telefon +33-(0)4 / 75 84 68 93

www.jaboulet.com

Barbara Kopp von der Crone

Gorla

CH–6874 Castel San Pietro

Telefon +41-(0)91 / 6829616

kvdc@active.ch

Ruinart Maison de Champagne

4, rue des Crayères

F–51100 Reims

Telefon +33-(0)3 / 267 751 51

www.ruinart.com

Die Weine:

Alpina B. Bouvensiepen GmbH & Co.

Alpenstraße 35 – 37

86807 Buchloe

Telefon +49-(0)8241 / 5005 146

www.alpinawein.de

Französiche Edelweine

Tony van den Broeke

Ringstraße 51

45219 Essen-Kettwig

Telefon +49-(0)2054 / 939 760

Unger Weine KG

Narzissenweg 21

83229 Aschau

Telefon +49-(0)8052 / 951 380

www.ungerweine.de

La Tienda

Spanische Weine & Spezialitäten

Urftstraße 99 – 101

41239 Mönchengladbach

Telefon +49-(0)2166 / 93 15 0

www.la-tienda.de

CWD

Hamburger Straße 14–20

25436 Tornesch

Telefon +49-(0)4122 / 50 45 04

www.cwdwein.de

Weinhandlung Martin Apell

Eugen-Richter-Straße 109

34134 Kassel

Telefon +49-(0)561 / 316 07 17

www.apell.de

N + M Weine GmbH

Martinstraße 88

41063 Mönchengladbach

Telefon +49-(0)2161 / 181 316

www.n-und-m-wein.de

Linke Weinhandelsgesellschaft mbH
Dorfstraße 19
85662 Hohenbrunn
Telefon +49-(0)8102 / 89 58 68
www.weinmacher-mit-profil.de

Mövenpick Weinland
Brennaborstr. 5
44149 Dortmund
Telefon +49-(0)231 / 96 51 56 0
www.moevenpick-weinland.de

Kölner Weinkeller
Stolberger Straße 92
50933 Köln
Telefon +49-(0)221 / 149 87 20
www.koelner-weinkeller.de

Weinhandlung Bernd Kreis
Laustrasse 38
70597 Stuttgart-Sonnenberg
Telefon +49-(0)711 / 76 28 39
www.wein-kreis.de

Vintage
Pfeilstraße 31–35
50672 Köln
Telefon +49-(0)221 / 27 25 99 6
www.weinseminare.de

Pinard de Picard GmbH
Fort Rauch 2
66740 Saarlouis
Telefon +49-(0)6831 / 12 27 29
www.pinard-de-picard.de

Weinhandlung Zwölfgrad
Martin-Luther-Platz 1
50677 Köln
Telefon +49-(0)221 / 381 591
www.zwoelfgrad.de

Nicolay & Schartner GmbH
Urbanstraße 1
70182 Stuttgart
Telefon +49-(0)711 / 24 89 37 30
www.weinkultur-pur.de

WeinArt GmbH
Winkeler Straße 93
65366 Geisenheim
Telefon +49-(0)6722 / 71 080
www.weinart.de

Wir danken:

Rosenthal AG
Philip-Rosenthal-Platz 1
95100 Selb
Telefon +49-(0)9287 / 72 0
www.rosenthal.de

Kristallglas Spiegelau
Hauptstraße 2 – 4
94518 Spiegelau
Telefon +49-(0) 8553 / 24 00
www.spiegelau.com

**Österreichische
Weinmarketingservicegesellschaft mbH**
Prinz-Eugen-Straße 34/7
A–1040 Wien
Telefon +43-(0)1 / 503 92 67
www.weinausoesterreich.at

KitchenAid Europe Inc.
Po Box 19
B–2018 Antwerpen
Telefon 00800 381 04026

Ruinart Maison de Champagne
4, rue des Crayères
F–51100 Reims
Telefon +33-(0)3 / 267 751 51
www.ruinart.com

Rezeptregister

Herzlichen Dank!

Große Projekte schafft man selten alleine …

So war es dann auch bei diesem Buch: eine Idee, ein Konzept, unsere Philosophie, unzählige Gespräche, hitzige Debatten, verschiedene Vorstellungen, wunderschöne Bilder, genüssliche Rezepte, feine Weine und sinnige Texte. Dahinter stecken viele kluge Köpfe mit entsprechenden Auffassungen. Jede noch so kleine Diskussion hat die Qualität dieses Projektes immens gesteigert!

Initiatorin war Helena Bommersheim. Sie hat Visionen und Vertrauen. Damit alleine kann man allerdings kein Buch schreiben – völlig richtig! Mit Ingo Swoboda habe ich einen Partner gefunden, der nicht nur feinsinnig schreiben kann sondern auch meine Texte und mich versteht. Ganz wichtig ist mein Mann Rolf, der mich vielleicht nicht immer ganz versteht, aber mir die nötige Freiheit und entsprechende Rückendeckung für solche Aktionen gibt.

Die wunderschönen Fotos stammen von Sabine Jellasitz, die sich mit unglaublichem Engagement in unser Team und in unsere Idee hineinversetzt hat. Thomas Pothmann und Armin Faber haben mir bei der bildlichen Ausführung der Rebsorten-Cocktails geholfen und einige andere Bilder für dieses Buch geliefert.

Ohne das gesamte Fischers-Team gäbe es jedoch weder Weingenuss noch Tafelfreuden und damit keinen Grund dieses Buch zu veröffentlichen. Gregor Schuber führt nun seit mehr als 5 Jahren sehr erfolgreich seine kreative und beständige Küchenmannschaft, was man an den genüsslichen Rezepten wunderbar nachvollziehen kann. Walter Manhardt organisiert das gesamte Catering-Geschäft und vermittelt in seinen Kochkursen fundiert und charmant wichtige Tipps und Kniffe. Die Grundierung liefert Souschef Heinz Dahm mitsamt der ganzen Küchenmannschaft, Heiko Müller, Nico Gaude, Sascha Döhring, Brigitte Hentschl; die Auszubildenden Marco Dubbelmann, Guido Vorberg, Hilla Valdeperas, Marcel Botzke, Sven Schnitzler und Mario Pfeil. Die wichtigste Arbeit leisten still und leise im Hintergrund unsere »Heinzelmännchen« Bärbel Jarosch, Eddi, Serge und Elise.

Wein spielt bei uns die erste Geige, das benötigt entsprechende Organisation durch die Sommeliers Christian Frens, Axel Biesler und Jan Gamisch. Aber was wären der Wein und das gute Essen ohne eine entsprechend motivierte Servicemannschaft: Milos Vucelja, Katja Gießler und Dominique Hennig leiten das vinophile Team und arrangieren gemeinsam mit Astrid Völkl, Anja Bülter und den Auszubildenden Anna Platter, Paul Bierwirth, Jessika Zucker und Eva Gürel die hervorragende Betreuung unserer Gäste.

Birgit Wenk verstärkt unser Team in der Betriebsleitung, Nadine Küllmer betreut Bankett und Catering, Anna Lage ist die freundliche Stimme am Telefon, die alle Reservierungen entgegennimmt und sich sehr engagiert um den Weinclub und alle Seminare kümmert.

Antonie Schweitzer begleitet dieses Buch seit Anfang an und ist ein wichtiger Kontakt zu allen Firmen, die dieses Projekt so engagiert unterstützt haben: Rosenthal, Spiegelau, Österreichisches Weinmarketing, Kitchen Aid und Champagner Ruinart.

Vertraut haben uns von Anfang an Jürgen Welte und vor allem unsere Verlegerin Anja Heyne, die sich sozusagen mit Haut & Haaren auf Weingenuss & Tafelfreuden eingelassen haben.

Herzlichen Dank!

Mit freundlicher Unterstützung von Rosenthal, Spiegelau, KitchenAid, Ruinart Champagner
und der Österreichischen Weinmarketing Service Gesellschaft m.b.H

Alle Fotos in diesem Buch stammen von Sabine Jellasitz, mit Ausnahme der Fotos auf den Seiten 41, 42, 60, 72,
88, 98, 108, 111, 120, 132, 140, 146, 158, 168, 176, 179, 188, 191, die Armin Faber aufgenommen hat.

Der Text wurde aufgezeichnet von Ingo Swoboda.

www.collection-rolf-heyne.de

1. Auflage 2004

Einband- und Buchgestaltung: Hauptmann & Kampa Werbeagentur, München-Zürich
Layout und Satz: Elisabeth Petersen, München

Lithografie: Longo AG, Bozen
Druck und Bindung: Lego, Vicenza

Printed in Italia

ISBN 3-89910-243-6